本书得到国家自然科学基金面上项目"失败恐惧诱发机
响"（项目编号：72072001）和国家自然科学基金重点项目
下创业者的行为认知与决策机制研究"（项目编号：71532005）资助。

认知视角下
创业失败学习机制研究

郝喜玲 著

经济管理出版社
ECONOMY & MANAGEMENT PUBLISHING HOUSE

图书在版编目（CIP）数据

认知视角下创业失败学习机制研究 / 郝喜玲著 .—北京：经济管理出版社，2022.6
ISBN 978-7-5096-8543-3

Ⅰ.①认…　Ⅱ.①郝…　Ⅲ.①创业—管理心理学—研究　Ⅳ.①C93-051

中国版本图书馆 CIP 数据核字（2022）第 110826 号

组稿编辑：张丽原
责任编辑：张玉珠
责任印制：黄章平
责任校对：王淑卿

出版发行：经济管理出版社
　　　　　（北京市海淀区北蜂窝 8 号中雅大厦 A 座 11 层　100038）
网　　　址：www.E-mp.com.cn
电　　　话：（010）51915602
印　　　刷：河北华商印刷有限公司
经　　　销：新华书店
开　　　本：710 mm × 1000 mm/16
印　　　张：14.75
字　　　数：211 千字
版　　　次：2022 年 6 月第 1 版　2022 年 6 月第 1 次印刷
书　　　号：ISBN 978-7-5096-8543-3
定　　　价：90.00 元

创业失败很有可能呈现实际结果与创业者预期结果或目标偏离的情境，这种认知或行为偏差有利于刺激、激发创业者反思与学习。本书立足于对创业失败情境的独特性挖掘，揭示创业者失败后学习的微观机制，根据"反事实思维—创业学习—创业知识"的逻辑关系，构建失败情境下创业学习的理论模型。本书采用 203 份有效问卷检验相关假设，其主要发现和结论包括以下三点：

第一，失败情境下双环学习比单环学习更有助于获取创业知识。借鉴经验学习理论并根据创业失败的独特特征，将失败情境下创业学习方式区分为单环学习和双环学习。研究发现，单环学习有助于获取机会识别知识，双环学习有助于获取机会识别知识和应对新生劣势知识。创业者失败后，采用双环学习的学习效率和效果更好，能够在随后的创业活动中表现得更好，有助于提升未来创业活动的创业绩效。

第二，失败后的反事实思维作用于创业学习的路径存在差异。反事实思维是个体解构过去以理解现在，并为未来行为和事件做准备的认知机制，不同方向的反事实思维具有不同的作用。上行反事实思维能够通过对比不同方案与可能的结果，更好地还原失败经过，理清因果关系，有助于单环学习。下行反事实思维有助于缓解创业失败带来的悲痛等负向情绪，但是不利于双环学习，降低了创业学习效果。创业失败后创业者应该学会平衡两种不同的反事实思维方式，发挥两种思维方式各自的优势，将失败后情绪调整到有利于学习的最佳状态。

第三，创业失败成本和外部归因抑制双环学习。创业失败成本是衡量失败严重程度的一个重要指标，其与反事实思维的匹配关系在很大程度上决定后续创业学习的深度。创业失败成本较低时创业者采取上行反事实思维能够诱发双环学习，但是创业失败成本很高时采取上行和下行反事实思维都会抑制双环学习。归因影响创业者对失败情景关注的焦点，内部归因强化上行反事实思维并与单环学习具有正相关关系，外部归因恶化下行反事实思维并与双环学习具有负相关关系。

本书的创新点主要体现在以下三个方面：一是从反事实思维角度切入研究失败情境下创业学习的内在机理。在失败研究框架下引入反事实思维说明创业者对失败意义构建差异性的深层次原因，同时在反事实思维框架下论证创业学习方式选择差异性的内在过程机制。将创业情境、创业思维和创业行为结合起来丰富和完善了创业学习理论研究成果，拓展了心理学反事实思维的影响边界和适用范围。二是提炼失败情境下创业学习方式及其对创业知识的作用机理，从学习方式角度解答创业者如何从失败中学习，解释创业者失败后学习内容和学习效果的差异性，为未来研究"学习—绩效"的复杂关系奠定了微观知识基础。三是深化对创业失败成本的认知。使用数据检验不同创业失败成本条件下创业者的反事实思维与创业学习关系，发现创业失败成本具有"双元性"。

本书内容主要包括六章。第一章是绪论，主要概述研究背景、研究问题与研究意义、研究内容与研究方法、研究过程与结构安排。第二章是文献综述，梳理了创业失败、创业学习和反事实思维相关的理论研究，评述现有研究的不足及可能的研究方向，同时阐述了本书的理论基础。第三章是理论模型与研究假设，主要从理论层面阐述反事实思维、创业学习和创业知识的概念模型，并提出了一系列变量之间的研究假设。第四章是研究设计与方法，主要介绍了问卷设计、变量测度方式、探测性调研、数据收集、数据整理及分析方法等内容。第五章是实证分析与讨论，主要通过实证数据对研究假设进行了检验，并进一步讨论了实证结果。第六章是结论与展望，主要归纳本书的主要结论，分析可能的创新之处，总结本书对后续学术研究和实践的启示，并指出不足和未来研究方向。

目　录

第一章 绪 论

在新一轮的创业热潮中，创业者大众化，创业门槛降低，活跃度高，但创业失败率高仍然是突出问题。创业失败更有可能呈现实际结果与创业者预期结果或目标偏离的情境，这种认知或行为偏差有利于刺激、激发创业者进行反思与学习。蓬勃发展的创业实践尤其是失败后创业者采取的差异化行为，为学术研究提供了丰富的素材。在这样的背景下，探讨创业者如何通过学习将失败经历转换为创业知识，进而提升再创业绩效，具有重要的理论价值和实践价值。本书立足于创业失败情境的独特性，揭示创业者失败后学习的微观机制，思考失败情境下如何指引创业者开展创业学习，挖掘创业失败的价值。

作为全书的起点，本章首先论述研究背景，其次提出研究问题并阐述其理论价值与实践价值，在此基础上，进一步介绍研究内容与研究方法，最后概括全书的逻辑结构和框架体系。

第一节 研究背景

一、现实背景

2016 年政府工作报告中提出为更好服务"大众创业、万众创新"，应该在全社会营造"敢为人先、宽容失败"的良好氛围。创新创业活动具有高度不确定性，其探索和试验本身就蕴含着风险性，失败极有可能发生。只有摆正失败与创新创业的关系，更理性地对待失败，从失败中吸取教训，才能在创新创业路上走得更平坦、更为长远。创业是一个试错的演化过程，失败比成功更有可能发生（Loasby，2007）。本书选择创业失败为研究情境，主要考虑以下四方面的因素：

第一，中国创业活动活跃，失败企业数量多。2016年12月28日，清华经管学院中国创业研究中心发布的《全球创业观察（GEM）2015/2016中国报告》显示，中国早期创业活动指数为12.84，创业活动活跃，但创业数量和质量呈现负相关关系。同时有数据调查显示中国民营企业平均寿命为3.7年；2013年，国家工商总局发布《全国内资企业生存时间分析报告》显示，企业成立后3年死亡率接近40%，5年内死亡率达到50%。这些数字说明中国创业活动质量并不高，新企业存活时间短。小企业的生存和消亡都应该有意义（谭劲松等，2009），这些失败企业为本书提供了丰富素材，我们需要进一步挖掘如何从失败中获益，让失败变得更有价值和意义。

第二，商业失败并不等于创业者失败。商业失败仅证明创业者的创业项目或创业活动在经济上不可行，创业者从中吸取教训，学习成长，在创业和人生道路上走得更稳当和更长远。但是，由于商业失败对创业者自尊和自我效能感造成极大打击，以及由失败引发的经济压力、社会关系的疏离和破裂，商业失败往往被创业者本人和利益相关者解读为创业者个人的失败。这种解读对创业者伤害极大，阻碍创业者从失败中学习，容易导致其退出创业生涯。如何解读和看待创业过程中的失败，不仅影响创业者失败后选择重整旗鼓还是破釜沉舟，而且对其他利益相关者甚至整个社会资源优化配置具有重要影响。

第三，创业失败为创业者提供学习与反思的机会。创业本身就是一种实物期权投资，不确定性影响其价值（McGrath，1999）。当创业者选择是否创业及选择何种创业项目时，会对这一实物期权进行反复主观评估与判断。开始创业意味着创业者对该创业项目的"风险—回报"关系判断有信心，并对创业项目抱有很大期望，所以投入了大量的时间、智力、金钱和努力等，这些增加了创业者对该项目的情感承诺和认同。当创业失败发生时，意味着创业实际结果并未达到创业者的预期，这种落差会对创业者造成较大的情感打击和认知刺激。认知反差和强烈的情绪体验，容易导致创业者在心理、认知和行为层面发生变化，有可能会激发创业者对失败反思和学习的欲望。行动的预期结果与实际结果不一致，这种不一致阻碍了创业活动的顺利开展，促使创业者停下来思考，修正先前行为以便后续创业活动更加高效。

第四，创业失败会使创业者承担一系列"成本"。从经济成本来看，失败直接导致创业者个人财富和资产的减少、收入下降甚至是负债，给创业者带来不同程度的经济损失。从心理成本来看，创业者对创业项目投入大量的资源和情感，有的创业者将创业看作实现自己梦想与事业的途径，像对待自己的孩子一样对待新企业，失败带来的梦想破灭和经济损失让其承受极大的心理压力，产生一系列的负面情绪。从社会成本来看，创业失败带给创业者污名，影响其后续人际关系和社会交往活动。但由于创业者对新企业担负全部、直接责任，他们往往积极探寻失败原因，并从中吸取教训，为随后创业奠定更好的基础。

在新时代背景下，我国创业活动蓬勃发展的同时也产生了大量的失败企业，如何保障创业者失败后更加体面、低成本地退出创业活动，并从中学习获取更多创业知识以更好的姿态投入新的创业活动中，对创业者本人和整个社会都具有重要意义。本书基于创业失败的独特性，并根据我国创业失败的现实状况，剖析失败后创业者如何高质量地从失败中学习。

二、理论背景

创业失败研究从关注创业者个体行为特征转向关注行为差异性背后的思维和认知，研究越来越微观化、具体化。与此同时，创业学习研究从关注成功创业者的最佳创业实践转为关注失败学习的特殊价值。创业学习具有复杂性、多样性和动态性特征，有学者提出将创业学习置于某些特殊的情境中，如研究失败情境下的创业学习，这将会极大地促进该领域的研究进展（Cope，2005；Politis，2005）。这也意味着创业学习研究也越来越情境化、具体化，更多研究聚焦于从微观层面探讨创业者个体如何从不同创业情境中学习。

失败情境下创业学习研究已经开始探索失败后诱发或抑制学习的条件、创业者如何从失败中学习、学习结果对后续创业活动的影响等问题，并根据实践现象和逻辑推导构建理论模型，提出一些有待实证检验的研究命题。从已有研究来看，前两个问题的研究逐渐成为学者们关注的重要议题，许多学者从不同角度解读"为什么失败后有些人学习，有些人不学习""失败后创业者如何学习"。创业者个体差异成为影响失败学习的关键因素已成为一种共识性判断，大多数学者从认知和情绪两个层面展开研究。他们主要围绕失败后创业者的悲痛等负向情绪，针对失败归因、对失败的态度和评估、失败应对策略、先前知识结构和经验等认知层面因素，论证这些因素是否及如何影响学习行为、学习内容。学者们借鉴成人学习、组织学习、创业学习、心理学研究等相关理论和构念来探索失败情境下创业学习的独特性，但相关研究多倾向于趣闻轶事（Cope，2010），仍然处于现象的描述和质化研究阶段。目前失败情境下创业学习的实证研究由于样本难以获取等原因仍然很欠缺，但是先前建设性和开创性的观念和思想为后续实证研究提供了指引和方向。后续研究应该采用规范研究设计和科学研究方法，结合创业失败的独特性来解构创业学习的内在机制。

个体如何学习是很多心理学家、教育学家、哲学家感兴趣且不断探索和研究的主题，他们提出学习方式在学习中扮演着特别重要的角色。学习方式是个体在对信息感知、处理和加工的过程中经常采用的习惯性倾向，具有鲜明的个体特征和较强的稳定性。个体学习方式也意味着个体能够以最有效率、最有效果的方式感知、加工信息。这能够解释个体完成任务时学习效果的差异性。学习方式也会随着任务和情境而发生变化（Kolb，1984）。失败情境下创业者如何从失败中学习是学者们关注的焦点，学者们较多从创业学习过程入手，划分为几个学习阶段并论述每个阶段的主要任务和学习内容，更多关注诱发学习的条件和学习内容，相对忽视了对学习方式的研究。创业者对失败后创业学习过程的驾驭和掌控、对学习内容的理解和积累、学习效果的差异性很大程度上来自学习方式的不同。不同的学习方式导致学习内容和学习效果存在差异，进而导致创业知识和创业行为的差异。

随着创业失败研究越来越微观化，从创业学习角度研究挖掘失败价值，解释创业者失败后行为的差异性，因此更加贴近创业实践而成为新的研究热点。失败情境下创业者如何学习成为联结创业失败研究微观化和创业学习情境化的一个重要桥梁和纽带，逐渐成为创业失败和创业学习研究中的核心问题和关键问题。在此研究背景下，本书关注失败情境下创业者学习方式的差异性，研究创业学习方式差异性的原因及其对后续创业知识获取的影响。

第二节　研究问题与研究意义

一、研究问题

基于现实实践和理论分析，本书紧扣创业失败和创业学习研究的前沿问题，基于社会认知理论和经验学习理论探索失败情境下创业学习的过程机制。

第一，失败情境下创业学习及其后果的研究。失败情境下的创业学习研究更多关注诱发学习的条件和学习内容，相对忽视了对学习方式的研究。因此，对于"创业者如何从失败中学习"的问题也多从学习过程的阶段划分和学习内容角度解答。现实中很多创业者经历失败后都认为自己能够从失败中吸取某些教训，从失败中获益。成功的创业者大多经历失败，经历失败的创业者不一定走向成功的深层次原因在于，有些创业者不会高质量地从失败中学习，或者更具体来说是失败后创业学习方式的差异性导致学习效果不同，进而影响后续创业知识增加。已有研究开始借助组织学习、成人学习、经验学习等相关成果，提出创业者经历失败后可能采取的学习方式。例如，Cope（2010）通过剖析典型案例提出失败情境下创业学习包括双环学习、转化学习和创造性学习三种高水平的学习方式，但他的研究仅提出三种学习方式的概念，并未对此展开深入研究，不过这些建设性和开创性的观点可以为后续研究提供指引和方向。

失败情境下创业者会采取多种学习方式，分类比较是挖掘其内在规律的有效手段。在现实中并不是所有的创业者在经历失败后都能通过失败挑战或重新定义自身心智模式和行动逻辑，采取如双环学习（Double-Loop Learning）等在内的高水平学习（Higher-Level Learning）方式；也可能会通过失败短期内修正先前行为策略，采用如单环学习（Single-Loop Learning）等在内的低水平学习（Lower-Level Learning）方式。根据经验学习理论，学习方式不同导致获取不同的知识，那么在失败情境下，创业者如何学习以获取更多的创业知识，从而在随后的创业活动中更好地识别机会、利用有限资源、提升新企业存活率。失败情境下创业者采取创业学习方式是否对随后创业知识获取具有积极影响，也就是说不同的创业学习方式能否有助于获取不同类型和数量的创业知识。因此，本书在先前研究的基础上，借鉴经验学习理论和组织学习理论的成果，分析失败情境下不同创业学习方式的差异性，并比较不同学习方式导致的后果。

第二，失败情境下影响创业学习方式选择的因素。已有研究关注制约失败情境下创业学习的因素，主要研究成果从创业失败本身、创业者特征及创业环境三个层面入手分析制约学习的因素。大多数研究关注创业者的特征因素，尤其是从认知和情绪视角展开影响失败学习的因素研究。学者们研究大多从创业者经历失败后产生的负向情绪，以及对失败的态度、评估、归因、应对策略等认知层面来论证这些因素是否及如何影响对失败的意义构建，进而分析诱发学习的机制。

总结已有研究发现，从情绪角度研究失败情境下创业学习虽然取得了一些进展，但是存在以下三点不足影响后续研究发展：一是不同负向情绪对失败学习的影响不同，如愤怒、内疚、悲痛三种负向情绪对失败学习影响机制和后果会存在差异。二是由于个体间情绪差异很大，并且情绪随着时间推移波动很大，很难细致刻画失败学习如何随情绪波动而变化的过程。三是已有研究也存在不一致，可能由于不同的研究设计导致已有研究结论间存在一定矛盾，并且相关研究更多集中在理论框架构建阶段，实证研究极其匮乏。认知视角下的研究包括失败后归因策略、对失败的不同态度或评估、情绪恢复方式、失败应对策略等，其研究逻辑往往都是与失败后的悲痛等负向情绪紧密相关。

认知和情绪视角下的已有研究成果说明，失败后创业者由于个体的差异导致学习方式选择、学习效果存在不同。在创业研究中，我们看到的都是行为表象，其行为背后的原因更加有趣（Bird et al.，2012）。因此，随着研究的深入，需要进一步探索创业者经历失败后悲痛程度、失败评估导向、应对策略选择、归因等差异性背后深层次的原因。Baron（1998）认为管理者、成功创业者、一般创业者之间在思维方式和认知风格等方面存在着明显差异。创业者经历失败后一系列行为表现是否与创业者深层次的认知和思维方式的差异有关呢？本书承认创业者在创业过程中的核心地位，将创业者认知、行为和情境结合起来，从创业者的思维层面分析其选择学习方式差异的原因。借鉴心理学中反事实思维来分析创业者经历失败后其思维方式如何影响后续学习，深入剖析影响失败情境下创业学习的本质要素；从创业者思维方式角度来理解创业失败后悲痛情绪差异性的原因，深化悲痛恢复理论研究。社会认知理论认为个体的学习行为由环境因素、个体对环境的认知和个人行为交互作用形成的，这三个变量相互影响、相互制约（Bandura，1978）。结合社会认知理论，本书还关注了在失败情境下，创业者的思维方式影响创业学习的边界条件。这样的研究设计能够揭示反事实思维对创业学习的影响路径和边界条件，有助于深度剖析失败情境下创业学习机制。

基于以上分析，本书探讨以下两个基本问题：一是创业者经历失败后会采取怎样的学习方式及其对后续创业知识具有怎样的影响？二是创业者经历失败后为什么会采用不同的学习方式？

二、研究意义

本书直面创业研究从行为过程向认知的转型和深化，认为失败后创业学习质量高低取决于创业者对失败事件独特的认识和解读，并在此基础上形成一系列反思和行动。更具体来说，创业学习效果取决于创业学习方式的差异。本书基于创业思维可被识别和教授的基本判断，采用大样本问卷调查方法，进一步拓展和深化失败后创业者学习行为和过程的总结，提炼影响创业者失败后学习的关键因素，探寻获取不同类型创业知识的路径，深化创业研究理论体系的微观知识基础，归纳面向实践的挖掘失败价值，增加创业知识，优化创业资源合理配置，助推高潜质创业者培养等行为和活动。

（一）理论意义

本书的理论意义主要体现在以下三个方面：

首先，从失败角度挖掘创业知识的形成路径更加有趣。成功经历使创业者认为他们已经具有理解情境的必需知识，失败揭示之前的信息处理方式失效，促使创业者会采用不同的信息收集、处理和转换方式以拓宽信息宽度和增加信息深度，重新审视已有的假设、信念和认知图式（Diwas et al., 2013）。先前成功导致创业者可能按照老方法做事，失败意味着行动结果与预期目标的不一致，对创业目标具有高度认同和承诺的创业者积极探寻失败背后的原因和问题，不断修正自身认知和思考方式，调整行动策略。失败会诱发学习，导致创业者采取新的做事方法（Madsen and Desai, 2010），对创业行为的前提假设质疑、思考，修正和完善有关创业的心智模式。由此可见，成功或失败经历使创业者在知识获取、信息处理及行为方式等方面存在很大差异。很多成功具有偶然性和情境依赖性，而失败具有必然性，很多新创企业的失败经验、失败原因具有共性。失败能够刺激创业者反思，从学习角度而言，失败比成功对创业者更有价值（于晓宇等，2013）。因此，从失败角度挖掘创业知识形成路径，能够更好地解释创业实践现象，更有针对性地指导和培训创业者有效挖掘失败价值。

其次，认知视角下的失败研究范式具有理论前沿性，丰富和深化已有研究成果。过程视角下失败研究集中于考察人力资本、社会资本等外显性特征对于创业行为的影响，认知视角下的失败研究则更多关注创业者的心理、认知和情绪等因素对后续创业行为的影响，有助于深化先前的研究成果。认知视角下研究重点关注失败后产生的悲痛等负向情绪和认知因素是否及如何影响创业者对失败的意义构建，进而影响失败学习。本书构建理论模型，解释失败后的反事实思维如何通过学习机制影响创业知识，该模型是在前沿框架下的进一步探索。在失败研究框架下引入反事实思维，分析失败后创业者采取的不同反事实思维，得出不同的反事实思维对失败的意义构建具有不同的影响；在反事实思维框架下论证失败后创业者采取不同学习方式的根源在于思维方式的不同。本书采用"反事实思维—创业学习—创业知识"为主线的研究框架，可以解释创业者对失败的意义构建存在差异性的原因，有助于刻画创业者将失败经历转化为创业知识的路径，深化和丰富了先前的研究成果。

最后，本书有助于深层次挖掘失败情境下创业者学习的本质和机理。相对于成功，创业失败带给创业者更多的是反思（Sitkin，1992）和心智模式改变（Politis，2005）。虽然已有研究借鉴成人学习、组织学习和创业学习等理论开始探索创业失败情境下学习的独特性，但是针对创业者基于心智模式、思维习惯的学习过程研究较少，很多学者仅是提出一些论点和判断，并没有进行深入研究。本书根据失败情境下创业者对失败信息的获取和转换方式不同，将创业学习方式划分为单环学习和双环学习，两种学习方式对积累创业知识具有不同的效率，同时在反事实思维框架下论证创业学习方式选择差异性的内在过程机制。本书将创业认知和创业行为关联并深化已有认知视角下的创业研究，将创业情境、创业思维和创业行为结合起来丰富和发展创业学习理论和经验学习理论，拓展了心理学反事实思维的影响边界和适用范围。

本书承认创业者在创业过程中的核心地位，强调创业情境尤其是失败情境下创业者思维对后续学习和行为的影响作用，识别创业者失败后以反事实思维为核心的思维方式塑造和推进创业学习有效开展的路径，更好地剖析失败情境下创业学习效果差异性的深层次原因，深入挖掘创业失败学习的本质，有助于深化和拓展经验学习和创业学习理论。同时，将心理学中反事实思维应用到创业领域中来解释创业学习方式选择的影响因素，拓展了反事实思维的应用范围。

（二）实践价值

首先，在创业失败研究中引入反事实思维具有实践指导意义。认知视角下的研究发现完善的或专家型的创业知识、创业思维是可以识别和培养的（Krueger，2007）。失败后创业者的反事实思维是对已经发生的失败事件进行心理模拟和思维推演，通过这种替代、推理和因果归因，不仅有助于创业者明晰失败原因，使改变现状的措施和可能结果更好关联，锻炼其认知能力；而且有助于创业者恢复其认知规范（Kahneman and Tversky，1982），降低其认知不协调带来的不适感，甚至可以通过下行反事实思维降低失败带给创业者的悲痛、生气、愤怒、焦虑等负向情绪。创业者可以有意识地应用和控制反事实思维，将其当作一种重要的认知策略和认知工具，对失败进行反思，通过自身努力将失败经历转化为有价值的知识结构。目前，已有学者强调通过创业培训和创业教育训练创业者的反事实思维，尤其是通过失败情境来进行引导，如通过反事实思维训练引导创业者思考创业失败可能造成的负面影响，以及如何应对这些负面影响。除此之外，还可以通过总结和吸取失败的教训来提升创业者利用失败的思维能力，提升创业者在失败后从中有效学习的能力，助推随后的创业实践活动（Shepherd，2003）。

其次，创业者应该树立一种基于学习导向的失败观。基于学习导向的失败观认为对失败的管理焦点并不是控制成本，而是视其为对未来的投资。创业者应该将创业失败作为一个工具，用它来判断"什么事情可以做，什么事情不能做"，对失败的学习增加了创业者成功的机会。小企业的生存和消亡都应该有意义（谭劲松等，2009）。对创业者而言，有意义的消亡是从创业失败中学习，创业者在这个过程中通过失败学习获得新的认知，累积新的创业知识，增强创业能力。创业者要更好地从失败中学习，应该从认知层面消除对失败的偏见，将失败视为试验和学习过程的副产品，将创业视为对阻碍、挫折和失败的管理过程。某种程度上，创业者可以将从失败中学习当成另外一个创业过程。

最后，对创新创业教育改革的启示。目前，各类高校普遍存在的一个问题是创新创业教育主要体现在"教"上，体现在知识传递和技能培训方面。创业的特色在于实践式学习、体验式学习，创业教育更重要的是"育"而不是"教"。未来创新创业教育的重点在于对个体创新创业思维的锻炼和能力的提升，而不仅仅在于知识的传递和增加。创新创业教育要体现出创新创业思维与认知的训练和培育，这比单纯教其创业技能和创业行为更加有效。相比于创业知识增加和创业行为改善，创业思维培养是基础。本书对创新创业教育改革的实践启示，除了在教学设计和人才培养中融入创新创业思维训练，还应该加入创业失败相关课程的设计。目前创新创业教育中更多教授创业者如何创业成功，鲜有关注如何避免失败及如何从失败中吸取教训，从失败中更快地恢复并从中学习受益。创业之前就为失败做好心理准备和物质准备，衡量自身可承担的损失和风险，创业中要时刻具备危机和风险防患意识。创业失败后及时理性地关闭企业，避免损失升级，尽快调整自身情绪状态，快速从失败中崛起，开始新的人生旅途。这种为创业失败的创业者准备的课程训练不仅能够帮助创业者更好地应对失败，使其坦然接受失败，还能使其从失败中获益，有助于创业者从失败中蜕变成长。

第三节 研究内容与研究方法

一、研究内容

本书在系统收集、整理和归纳国内外相关理论和实证研究成果的基础上，结合我国"大众创业、万众创新"的时代背景和创业实践中"高失败率、低创新潜力"的现实问题，抓住影响失败情境下创业学习的主要因素，从创业者个体差异性入手，分析创业者反事实思维对创业学习方式选择的影响，构建失败情境下影响创业学习方式选择前因后果的研究模型，既有理论创新，也能够为创业者、创业教育和政策制定者提供具有可操作性的建议。

本书的基本理论框架如图1-1所示，失败情境下创业学习效果的差异来自不同的学习方式。首先，本书分析不同创业学习方式对创业知识获取种类和数量的影响，并考察行业类型改变对上述关系的调节作用。其次，分析创业者在失败后所采取创业学习方式的差异性的来源，论证反事实思维对创业学习方式选择的作用路径和边界条件，分析不同的反事实思维对创业学习的影响，揭示创业失败成本和失败归因在反事实

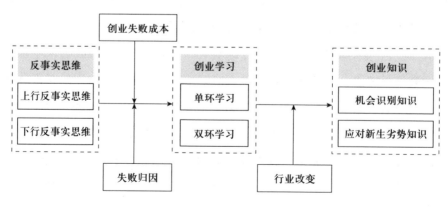

图1-1 本书的理论框架

思维与创业学习关系中的调节作用。本书以有失败经历的创业者为研究对象，构建"反事实思维—创业学习—创业知识"的理论模型来解释失败情境下创业学习的过程机制。在此框架下，本书主要围绕以下内容展开：

第一，失败情境下的创业学习与创业知识关系研究。创业者经历失败后都会学习，学习效果的差异来自学习方式的选择，并不是所有的创业者经历失败后都会采用高水平的学习方式，如双环学习，其也可能采用低水平的学习方式，如单环学习。依据经验学习理论，学习是将经验转换为知识，具体到创业失败情境中，理论模型的因变量为创业知识，它主要包括机会识别（Opportunity Recognition）知识和应对新生劣势（Coping with the Liabilities of Newness）知识（Politis，2005）。创业学习方式影响创业知识获取，在考察失败情境下创业学习方式差异性的基础上，论证创业者选择什么样的创业学习方式有助于获取创业知识。此外，本书还考察了创业学习与创业知识关系在不同条件下的作用机制差异，重点分析失败前后行业类型转变对两者关系的调节效应。

第二，失败情境下反事实思维与创业学习关系研究。本部分主要分析创业者在失败后所采取的创业学习方式的差异性的来源，从反事实思维方向的角度分析什么样的思维方式有助于激发高水平的学习，提高创业学习效果。反事实思维是对已经发生的失败事件进行心理模拟和思维推演，目的是预测、推理和因果推断。反事实思维通过影响个体关注焦点或注意力分配进而影响学习。当创业者采取不同的反事实思维，意味着其关注的因素不同（如事件发生的环境和条件、事件本身及自身采取的行动等），这会影响创业者的信息获取和转换方式，进而影响创业者采取不同的学习方式，因此产生不同的学习效果。此外，基于社会认知理论并结合失败的独特情境将创业失败成本和失败归因作为调节变量，选择这两个重要的主客观变量分析反事实思维对创业学习方式选择影响的边界条件，旨在回答在不同的创业失败成本和失败归因条件下，创业者的反事实思维对创业学习影响的差异性。

二、研究方法

本书以失败情境下创业学习方式的差异性为研究主线，在理论分析的基础上，强调管理学与心理学、经济学、社会学等多学科的交叉融合研究，综合运用文献分析法和实证研究法，着力于积极探索一套解决创业失败数据获取难的创造性调研方法。

文献研究是理论研究的基础。笔者密切关注相关理论前沿，跟踪最新文献，收集创业认知、组织学习、创业失败和创业学习等相关国内外文献，并且对国内外经典文献和最新文献进行分类整理，已经形成6万多字的文献笔记，在此基础上完成3篇综述性质的学术论文。通过对文献进行整理、编码、分析、汇总，整体把握该领域的发展脉络、研究进展和前沿趋势，通过对经典和高度相关文献的研读，逐渐形成对创业失败和创业学习研究的基本理论判断。因此，通过比较研究获得理论框架的差异性，尝试提炼关于失败情境下创业学习的理论模型，通过对文献逻辑的把握提出需要验证的理论假设。

在文献研究的基础上，采用实证研究设计来检验理论模型。失败情境下创业者会采取多种学习方式，分类比较是挖掘其内在规律的有效手段，对创业学习方式分类与测量是本书的基础性工作。借鉴相关研究成果同时考虑失败情境的独特性，开发出合适的测量工具。利用大规模问卷获得第一手数据，进一步提炼并验证理论模型中相关构念的内涵和逻辑关系，实证检验失败情境下创业学习理论模型及相关假设。在数据分析的过程中，主要采用信度分析、效度分析、因子分析、相关分析和回归分析等分析技术和分析方法，对本书中的理论模型和相关假设进行实证检验。

第四节 研究过程与结构安排

一、研究过程

本书的研究思路如下：首先，通过文献梳理分析和专家访谈，并在团队例会上多次研讨后，不断打磨和明晰研究问题和研究框架。其次，将理论框架中的变量进行操作化定义，通过问卷调查的方式收集第一手数据，建立创业失败相关的数据库，使用相关软件分析数据。最后，依据数据分析结果对假设进行检验并做出讨论，在结果讨论的基础上提出研究发现、研究启示和未来研究方向。基于此，本书的主要研究路线包括：现实背景与文献分析→提出研究问题与理论框架→量表与问卷开发→正式调研与数据库建立→反事实思维、创业学习与创业知识关系研究→理论总结与创新→结论分析与研究启示，如图 1-2 所示。

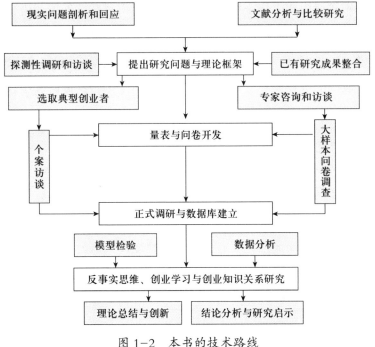

图 1-2 本书的技术路线

沿着技术路线将各研究部分的关系框架展开，将研究过程分为四个阶段：

第一阶段的工作是在现实背景与文献分析的基础上提出研究问题和理论框架。2014年1月至2016年2月，笔者利用互联网、调研报告、先前研究建立了案例库，了解和把握我国创业失败的现实状况。与此同时，不断对创业失败、创业学习和组织失败学习等领域的大量文献进行阅读整理，在文献研究的基础上总结并撰写综述性质的学术论文，先后发表在《管理学报》和《外国经济与管理》上，逐步培养对一些理论和现象的学术判断。在对相关研究脉络和研究进展熟悉的基础上，尝试提出自己的研究问题和研究框架，然后通过多种渠道不断完善最初的研究问题、研究构想和研究框架，包括团队例会的讨论、创业领域内外的专家交流、与创业实践者的探测性访谈等。

第二阶段的工作是量表和问卷开发。2016年2~3月，根据研究问题和研究目的选择合适的测量量表，邀请4位拥有海外访学经历的博士生和一名英语系副教授组成工作小组将国外的量表采用背对背的方式进行双向匿名翻译，确定问卷初稿。2016年4月，征求学术团队与创业者的意见对问卷进行修改。2016年5~6月，在预调研基础上确定最终问卷。笔者主要根据便利性取样的原则，在安徽省蚌埠市5个园区进行预调研。结合专家的反馈及预调研的统计分析，对一些测量问项的语言和表达方式进行微调，形成最终的调查问卷。

第三阶段的工作是正式调研与数据库建立。2016年6~12月由专业的调研公司在互联网创业高度发达的北京、深圳和上海三地收集数据。获取符合调研要求的对象是本书研究的重点和难点。一方面，寻找拥有创业失败经历的创业者，并保证抽样具有代表性，难度较大；另一方面，取得调研对象的信任和配合也需要极大的调研和访谈技巧。基于此，笔者借助专业的调研公司进行调查。其原因如下：一是可以利用专业调研公司与创业园和孵化器等机构的良好关系减少调研阻力；二是专业调研公司的访问员具有丰富的调研和访谈技巧，容易获取被访者的信任和支持。

第四阶段的工作是提炼创业者反事实思维、创业学习与创业知识的作用机制与演变规律，完成数据分析和撰写工作。选择心理学、管理学和社会学等多学科知识，从创业者认知层面提炼创业学习方式选择的作用路径和演变规律。在此基础上，借助于问卷调查的数据资料，利用统计分析工具对模型中的指标进行相关分析，建立回归模型，并且进行显著性检验，最终总结和提炼创业者反事实思维对创业学习的作用机制与演变规律。在总结一般规律并提炼内在机理的基础上，归纳总结相关理论观点，为失败情境下的创业学习理论体系构建提供基础和依据。此外，本书还检验相关理论的普适性，提出对创业失败、创业学习及反事实思维在创业领域内应用的启示，同时提出有利于降低失败率、更好挖掘失败价值的相关建议。

二、结构安排

本书共分为六章，各章之间的逻辑关系及其主要内容如下：

第一章是绪论。首先，在阐述研究的现实和理论背景基础上说明选题的理论和实践依据。其次，在理论分析的基础上提出需要关注的研究问题，明晰研究的理论意义和实践意义。再次，介绍本书的研究内容和方法。最后，描述本书的研究过程及结构安排。

第二章是文献综述。本章将重点论述本书研究依托的理论基础和情境。首先，对创业失败研究的脉络进行梳理，指出认知视角下创业失败研究的价值。其次，梳理失败情境下创业学习过程、内容和方式研究，评述已有研究的不足和可能的研究方向，并论述本书依托的理论基础，为后续研究的理论框架和研究假设推导奠定基础。再次，对本书涉及的自变量反事实思维进行了综述，在对心理学中反事实思维的内涵、分类和功能介绍的基础上，分析创业领域中反事实思维研究进展，并据此提出反事实思维对失败学习研究的启示。最后，对已有文献进行了评述并提出研究启示。

第三章是理论模型与研究假设。本章主要从理论层面阐述反事实思维、创业学习和创业知识的概念模型。首先，在对创业知识、创业学习和反事实思维等关键概念界定和分析的基础上，进一步明确研究要素之间的作用关系。其次，聚焦于理论构念和变量间的关系，通过理论逻辑推导提出需要进行检验的系列假设。

第四章是研究设计与方法。本章在关键概念界定、研究假设、理论模型分析的基础上进行研究设计，主要包括科学研究过程与方法、研究变量选取及测量、问卷设计及探测性调研、数据收集与分析方法，以此来保证研究的科学性、严谨性和规范性。

第五章是实证分析与讨论。首先，本章汇报样本数据的描述性统计分析和信 / 效度检验结果。其次，通过相关分析和回归分析检验各假设成立与否，最终得出实证研究结果。最后，对反事实思维、创业学习与创业知识之间的关系进行深入的讨论，得出本书的结论及其相应的解释。

第六章是结论与展望。首先，本章归纳主要研究发现和结论，并分析本书可能存在的创新之处。其次，分析本书对创业失败情境下创业学习及反事实思维在创业领域内的研究启示，并且总结提炼对创业教育和创业政策制定的实践启示。最后，指出本书存在的不足之处，提出未来的研究方向。

第二章   文献综述

本章开展系统的文献梳理和文献研究以便后续的模型构建与理论开发。首先，综述创业失败研究的发展脉络，界定本书研究所嵌入的理论情境；梳理失败情境下创业学习的研究进展，识别已有研究中存在的不足并从中发现研究机会。其次，对社会认知理论和经验学习理论的发展脉络与主要观点进行了评述，阐明本书所依托的知识基础。最后，介绍反事实思维的相关研究，旨在厘清研究模型中一些关键变量的理论研究脉络，为后续研究做好铺垫。

第一节   创业失败研究发展脉络

创业失败是最近的研究热点。在过去的 30 年来，创业失败研究发展呈现出从宏观环境层面到企业层面，再到创业者个体微观层面的研究思路（Khelil，2016）。早期有关创业失败的研究主要从宏观层面关注新企业的死亡率高低、死亡率与经济和政府政策的关系，寻找失败原因以采取避免失败的有效措施，忽略了微观层次上创业者个体间的差异。随着对创业的深入研究，学者们从创业过程视角关注创业者的显性特征（如人力资本、社会资本等）对创业行为和绩效的影响，并取得了一系列的研究成果。但是从创业过程视角进行的研究，对失败后再创业行为、绩效差异性的原因解释力和预测力不足。认知视角下创业研究从更深层次的认知、思维层面解读行为差异背后的原因和作用机制，因此能够更好地深化和拓展过程视角的研究成果，同时也为创业失败话题注入新思维、新思考，增强对现实的解释力和预测力。本节主要从避免创业失败视角、过程视角和认知视角三个方面来梳理创业失败的研究进展，并且在此基础上展开述评，提出未来可能的研究方向。

一、早期关于避免创业失败的研究

实践和理论分析都发现新企业的死亡率极高，早期创业失败研究主要关注新企业的死亡率高低，死亡率与经济、政府政策的关系，新企业失败原因及如何在国家政策、企业层面避免失败。早期研究认为，创业失败对创业者、社会资源和经济发展具有很大的负向影响，应该竭力避免创业失败，降低新企业的失败率。

新企业的失败率高低是早期的小企业经济研究者们比较关注的话题。各学者对新企业死亡率的看法分歧很大，早期研究认为新企业前五年的存活率大约为80%（Nystrom and Starbuck，1984），后续研究得出新企业前五年的存活率为50%~60%（Audretsch，1991）。虽然具体数字有一些差异，但是相关研究发现新企业在成立前两年的死亡率最高，随后死亡率逐年降低（Cressy，1996）。鉴于新企业具有较高的死亡率，学者们开始关注死亡率高的原因及对整个经济和社会的影响。早期有关创业失败原因的研究主要从企业内部和外部、宏观经济层面寻找失败根源以避免失败，进而提高新企业存活率。这些研究认为内部原因（如财务问题、管理问题和公司战略等）、外部原因（如市场竞争激烈、缺少外部环境支持等）、宏观经济因素（如货币政策）都可能导致新企业快速走向死亡。

随着对创业失败原因和影响的研究深入，学者们建议应该从法律政策、经济政策和社会支持等角度给予创业失败者保护、支持和关怀，如建立对创业者友好的破产法（Fan and White，2003）、开放的金融制度（Huovinen and Tihula，2008）、营造对创业失败更包容的环境（McGrath，1999）等。除了宏观政策研究外，还有学者认为要从企业层面上提高新企业的存活率，如扩大企业规模、增加人力和财务资本投入、增加机会的可获得性及风险容忍度控制（Evans and Jovanovic，1989；Holtz-Eakin et al.，1994；Cressy，1996）。

早期的创业失败研究主要围绕新企业死亡率高这一现象，并在分析失败原因的基础上找到降低新企业死亡率的有效措施。这一时期的研究主要从宏观层面、企业层面来分析创业失败，将创业者或拥有失败经历的创业者看作一个整体来研究，忽略了微观层次上创业者个体间的差异。

二、过程视角下的创业失败研究

随着研究深入，创业失败研究的焦点从相对宏观层面转移到创业者本身。创业过程视角下的研究通过对创业过程的阶段划分识别出有助于创业成功的关键因素和创业者行为特征，集中考察人力资本、社会资本等外显性特征对创业行为、创业绩效的影响。借助过程视角下丰富的研究成果，学者们开始研究创业失败对创业者、后续创业行为和再创业绩效的影响。

首先，创业失败对创业者的影响研究。学者们将创业失败带来的一系列负向影响概括成三种成本：包括个人收入减少、失业、个人债务及机会成本等的经济成本（Cope，2010；Arora and Nandkumar，2011；Lee et al.，2007），损害社会网络关系、给创业者带来污名并影响其未来发展等的社会成本（Harris and Sutton，1986；Singh et al.，2007；Cardon et al.，2011），带给创业者包括悲痛、愤怒、生气、羞辱、内疚的负向情绪及无助感、自我效能感损耗等的心理成本（Cardon and McGrath，1999；Shepherd，2003；Singh et al.，2007；Brunstein and Gollwitzer，1996）。

其次，相对于早期有关创业失败原因的研究，过程视角下的分析更多地强调创业者的主体地位，即创业者的归因行为。失败除了带给创业者负面影响外，还会引发创业者对这一重大挫折事件的原因剖析和思考。学者们通过大量的实证和案例研究发现创业者对失败归因存在差异，并且各学者对创业者是否具有自我服务偏见的分析结果也不一致（Ucbasaran et al.，

2013）。例如，有的创业者把失败归咎于商业模式选择错误、创业者过度自信、对结果预期太高等内部原因（Zacharakis et al.，1999）；也有的创业者把失败归因于融资渠道少、劳动力市场疲软、支撑制度缺失等外部原因（Franco and Haase，2010）。

最后，创业失败对再创业活动的影响研究集中在回答如下问题：拥有失败经历的创业者是否选择再创业、再创业绩效是否更好及什么条件下再创业绩效会更好等。学者们研究发现拥有创业失败经历的创业者不仅具有强烈的再创业意愿，而且实践上也进行了再创业活动（Hessels et al.，2011）。但并不是所有的创业者都能够从失败中走出来并开始另外一次创业（Hayward et al.，2006），如创业失败带给创业者污名会阻碍其再创业（Lee et al.，2011）。Stam 和 Schutjens（2006）对 79 家关闭企业的创业者进行了为期 5 年的调查，结果发现绝大多数创业者仍然想再创业，大约 1/4 的创业者实际上选择了再创业活动。经历创业失败的一部分创业者选择再创业，但其再创业绩效并不一定更好。Ucbasaran 等（2010）使用 378 家新企业数据资料，在控制人力资本、新企业和行业特征等变量后，发现拥有创业失败经历的创业者和没有创业失败经历的创业者在企业绩效方面没有显著性差异。也有学者提出一定条件下拥有创业失败经历的创业者的再创业绩效会更好，这些条件包括吸取失败教训（Stoke and Blackburn，2002）、正确归因、先前失败次数和先前创业经验（Mitchell et al.，2008）等。

三、认知视角下的创业失败研究

过程视角下的创业失败研究关注失败经历对创业者行为及后续再创业绩效的影响，相关研究成果仍无法解释创业失败经历对创业者行为属性和行为特征的差异性影响。认知学派的兴起帮助学者们从更深层次的认知、思维层面解读行为差异背后的原因和作用机制，能够更好地弥补和深化"经历—行为—绩效"的解释逻辑。创业认知是创业者在机会评价和创业企业成长过程中用于做出评价、判断和决策的知识结构（Mitchell et al.，

2002）。创业认知研究旨在回答"创业者如何思维和决策"等更具有挑战性的深层次问题，这些研究以创业过程和行为为情境，集中于识别创业者在创业过程中的思维过程和认知风格。与创业失败研究相关的前沿研究方向结合，需要回答如下问题：创业失败经历是否能够丰富和完善创业者的知识？创业失败经历如何丰富和完善创业者的知识？本部分内容基于这两个研究问题进行梳理最新的研究成果。

（一）失败经历是否能丰富和完善创业知识

有关创业者经历失败后能否增加创业知识的研究主要从成功与失败情境的对比及失败本身特征两方面展开研究。对于前者，学者们认为相对于成功，失败更能诱发学习，获取不同的创业知识。如 Madsen 和 Desai （2010）研究表明，先前失败和先前成功对学习动机和知识获取产生不同的影响。在学习动机方面，先前成功导致创业者可能按照老方法做事，容易导致过度自信；失败后创业者会积极寻找失败原因进而诱发学习。在知识获取方面，成功后创业者很可能认为其已经具有理解情境的必需知识，而失败揭示先前信息和知识的无效，创业者往往更愿意采用新的信息收集、处理和转换方式。此外，失败后创业者开阔思路，发现以前的认知图式存在缺陷，会重新查阅先前认为无关的信息，创造出完善的、新颖的、促进未来绩效的心智模式（Diwas et al.，2013）。创业失败有助于获取跟创业成功不一样的创业知识，并且创业失败更可能直接导致学习，使创业者更富有思想性，使其考虑新的模式、新的想法、新的机会（Shepherd et al.，2014）。

并不是所有的创业失败都能够导致创业知识的改变，失败次数、失败时间、失败成本等失败自身的特征与获取创业知识紧密相连。Minniti 和 Bygrave （2001）认为创业失败作为一种信息反馈作用于决策者对单个策略信心值的改变，但是这种信心值的改变并不一定导致探索性行为，只有信心值的调整达到一定的阈限才有可能发生探索性学习。这种信心值的改变与失败次数、失败成本和创业者对失败的认知密不可分。Shepherd 等

（2014）发现延迟终止决策有助于团队成员从失败经验中学习，能够让其有充分的时间去反思、交流和整理失败教训。甚至有学者实证研究得出失败时间与从失败中学习知识之间存在显著的正相关关系（Shepherd et al.，2011）。

失败成本与后续学习和创业知识的关系研究存在一定分歧。Shepherd（2003）提出创业失败后产生的悲痛情绪会干扰创业者对信息加工的处理，影响后续创业失败学习，如果创业者能够更快地从悲痛情绪中恢复，那么就能从失败中学习更多的知识。与此同时，Shepherd 等（2009）也提出另外一种观点，其认为如果创业失败的成本很低，创业者也就不会从创业失败中学习。Singh 等（2015）认为创业失败后的污名化（社会成本）随时间推移逐步展现，但污名化最终也可能诱发部分创业者思维的深度转化，将失败从人生中的负面事件转化为积极事件，丰富创业者的知识结构。

（二）失败经历如何丰富和完善创业知识

关于创业者如何将失败经历转化为创业知识，学者们的研究从显性的学习过程入手，逐渐过渡为深层次的思维方式和意义构建等层面的研究。从失败中学习也是一个意义构建的过程，它包括元认知、类比思维和复杂思维等较高思维层次间的相互作用。Isenberg（2011）提出应该培训创业者进行"快速、低成本失败"的思维方式，将失败当成创业过程中的正常现象，正确对待其价值。Byrne 和 Shepherd（2015）研究发现失败后的负向情绪激发创业者对失败损失的理解，积极情绪为促进创业者理解失败事件提供更多的认知资源；关注失败事件和提升自我反思的认知策略有助于完成失败的意义构建。Wolfe 和 Shepherd（2015）从失败后意义构建视角解读个体经历失败后反思创业导向的路径，不同的反思导致不同的知识联结和组合，进而影响后续绩效。从以上分析不难看出，学者们认为失败经历引发创业者思维改变，进而通过学习对失败进行意义构建，从而导致知识结构发生变化。

此外，现有研究表明创业者先前经验、知识、对失败的态度和评估等方面影响创业者将失败经历转化为知识的过程。Ucbasaran 等（2010）在英国调查 576 位创业者，投资组合企业家（Portfolio Entrepreneur）能够根据经验调整预期，他们遭遇失败后比创业新手更加现实，更易从失败的负反馈中学习并转换为创业知识。Petkova（2009）提出创业失败学习模型，研究创业者如何将失败经验转换为知识。Petkova 认为创业者的通用知识越多，则对创业失败结果解读得越准确；创业者拥有与某一行动相关的专有知识越多，则越容易解读成创业失败，正确归因的可能性也就越大，越有可能修正更新和调整原来的知识结构。

Politis 和 Gabrielsson（2009）研究发现具有先前创业经验和先前失败经验的创业者对失败有更积极的态度，能够更理性地对待创业失败，更好地将失败经历转化为知识。除了研究创业者对失败的态度，还有学者关注创业者对失败的评估也影响失败经历转化为知识的过程。Jenkins 等（2014）研究对于相似的创业失败事件，创业者对失败的反应存在巨大差异的原因，其认为这种反差并不在于创业失败的实际客观损失，而在于创业者对损失的解读不同。当创业者将失败评估为"伤害—损失"，则会产生较强烈的悲痛情绪，反之，将失败评估为未来导向的"威胁—挑战"，则有利于其更快地将失败经历转换为知识，并在未来的创业活动中表现得更好。上述学者的研究都是采用实证方法检验自己的假设，由于拥有创业失败经历的创业者样本难以获取，更多学者采用质化研究方法提出一系列概念性模型，如 Shepherd 等的系列研究剖析失败后个体的恢复和失败学习的概念性模型，以失败项目引发的悲痛情绪为研究起点，然后引入心理所有权、情商、自我效能、自我同情、恢复策略等变量调节悲痛情绪与失败学习的关系（Shepherd et al.，2009a，2009b，2009c，2011），其研究成果为后续研究创业者的哪些特征或属性有助于将失败经历转化为知识提供了思路和方向。

四、研究述评及研究机会

有学者在研究创业失败的原因时发现，早期的研究更多依据组织生态理论，采用环境决定论的方法，发现创业失败是由于创业者不能控制的外部环境导致；后来依据资源基础理论从企业层面研究发现企业生存与否主要依赖是否获得并控制所需资源；最新的研究从个体层面采用情绪理论研究方法，研究发现创业失败是因为没有满足创业者的预期（Khelil，2016）。学者们对失败原因的研究体现了从宏观环境层面到企业层面，再到创业者个体微观认知层面的研究脉络。有关创业失败的整体研究也具有这样的趋势和发展脉络，创业失败研究呈现微观化。

早期有关创业失败的研究关注失败率高低与经济发展、政府政策的关系，寻找失败原因以找到避免失败的有效措施。与此同时，创业过程学派的兴起为创业失败研究提供了新的研究视角和理论基础。学者们开始研究创业失败经历是否及如何影响创业者的后续行为和再创业绩效，并且产生了一系列的研究成果。随着研究的深入，学者们发现这种"经历—行为—绩效"逻辑无法准确地解释拥有创业失败经历的创业者后续行为的差异性。于是学者们从更深层次、更微观层面分析创业者行为背后的原因和作用机制。认知视角下的创业研究关注创业者在创业过程中用于评价、判断和决策的知识结构是如何形成和演化的，探索创业者进行决策的机制。认知视角下的研究成果有助于解释拥有创业失败经历的创业者后续行为的差异性。相对于创业者采取的差异性行为本身，创业者采取某种行为的思维过程更加有趣，所以研究也更具有挑战性。研究创业者思维过程、逻辑推理及认知过程需要借助多个学科的知识进行交叉和整合，并且需要创造出新的研究方法和研究设计。

第二节　失败情境下的创业学习研究进展

学习已经成为并将持续成为创业失败研究的中心议题（Ucbasaran et al.，2013）。失败是创业者需要调整或变革的信号，也为经历者和旁观者提供了很好的学习机会（McGrath，1999）。许多学者开始关注失败情境下的创业学习，并且借鉴成人学习、组织学习和经验学习等理论和构念来研究失败情境下的创业学习。本节主要综述创业失败情境下的学习过程、学习内容和学习方式的研究成果，在此基础上阐述对本书研究的启示及未来可能的研究方向。

一、失败情境下创业学习过程

在创业领域，早期的研究就已经开始强调失败学习的重要意义。随后的研究又进一步指出，失败是一个复杂的学习过程，而不是孤立的学习事件。Cardon 和 McGrath（1999）认为，失败学习是一个意义建构的动态过程，对"学习历程"（Learning Journey）的考察具有十分重要的理论意义。对失败情境下的创业学习过程研究主要分为两个视角：一是将组织中失败学习流程直接借鉴到创业失败情境中；二是专注于刻画创业失败情境的独特性并列出创业者学习的进度表。

Cannon 和 Edmondson（2005）将组织中失败学习的过程概括为认定失败、分析失败和审慎试验。这种组织中基于过程的失败学习流程可以借鉴到失败情境中的创业学习，部分学者已开始尝试。McGrath（1999）提出创业者在失败情境下的具体学习过程：首先把假设写下来并与团队成员分享，确保根据获得的新信息不断修正这些假设；其次设计试验来检验假设，不论结果如何，总是能学习到一些创业知识。McGrath 的失败学习过程更多强调创业者的谨慎试验，相比之下，Petkova（2009）更多借鉴组织的失败学习流程构建创业失败学习模型，其将学习过程分为三个阶段：第一个阶段是结果产生，包括创业选择行动及行动执行结果；第二个阶段是失败辨识，对创业行动结果进行解释并与期望相比较；第三个阶段是失败的修正，通过对失败进行责任归因、结果归因，从而不断纠正原有的知识结构。相比Cannon、Edmondson 和 McGrath 的研究成果，其区别主要体现在对失败的识别方式方法上。Petkova（2009）的创业失败学习模型假设创业者应该通过将创业行动的结果与预期结果相比较确认是否失败，并不是如 Cannon 和Edmondson（2005）的研究认为的主要通过组织的技术和社会系统来识别失败。两者差异的主要原因在于：一是创业者的资源匮乏，不像成熟组织拥有较多资源，创业者也不会花费较多时间和精力去识别失败；二是创业者在面对高度不确定性、时间压力和复杂任务时，往往需要使用认知捷径迅速决策以应对变化，而直接将行动结果与预期结果比较确认失败就是一种认知捷径。

有关失败情境下的创业学习过程的第二种研究视角强调创业失败情境的独特性，突出创业失败带给创业者的创伤与负向影响，根据创业者从失败中学习遇到的障碍和困难，列出创业学习过程的阶段进度表。从创业失败到学习既不是自动的，也不是即时的（Wilkinson and Mellahi，2005）。创业者从失败中学习的第一步应该是从悲痛的情绪中恢复过来，调整好情绪以后才能对失败进行反思学习。Shepherd（2003）认为悲痛情绪会干扰失败后创业者信息处理的过程，进而影响创业失败学习的内容和效果。调整情绪是失败学习的一个重要过程，Shepherd提出三种控制情绪的方法可以帮助创业者达到最佳的学习成果。第一种方法是反思导向（Reflection Orientation），主要目的是还原失败经过，弄清失败发生的原因。回想失败的经过，切断创业者自身情绪与企业客观损失之间的情感纽带，有利于创业者客观分析失败原因，如果把"伤疤"一遍遍揭开，可能会使创业者更加难过，也会给创业者学习过程造成情感障碍。第二种方法是恢复导向（Restoration Orientation），分散创业者注意力，避免消极情绪，试图避免思考与创业失败相关的事情，也可以尝试消除部分压力，如解决失败导致的其他次要问题，失败的负面影响也就会随之降低。但是逃避现实无法从失败中得到锻炼，而且抑制情绪不太容易做到，情感的长期压抑会损害身心健康。第三种方法是交替导向（Oscillation Orientation），即反思导向和恢复导向交替运用，可以发挥两种方法各自的优势，最大限度地避免各自的弊端，将创业者的情绪调整到有利于学习的最佳状态。

Cope（2010）对8位拥有失败经历的创业者进行考察，认为学习过程可以分为三个相互联系的阶段：第一个阶段是考察失败带来的后果，其中包括各种失败成本分析；第二个阶段是从失败中恢复以便更多获益；第三个阶段是从失败中崛起，将学习的知识应用到随后的生活和创业活动中。这三个阶段包含以下三个相互关联的要素：一是最初的搁置（Initial Hiatus），给创业者一段时间，使其从失败的阴影中走出来，更好地治愈失败的心理创伤；二是批判性反思（Critical Reflection），创业者采取积极的、建设性的努力对失败进行意义构建；三是反思行动（Reflective Action），创业者从失败中崛起并积极寻求其他机会。从动态的角度考察失败情境下创业学习，应包括以下五个阶段：失败的产生、管理失败、失败的后果、从失败中恢复和从失败中崛起。Shepherd 和 Cope 的研究根据创业失败带给创业者的负向影响，围绕失败后的情绪恢复到失败管理等环节给出不同的应对策略，两者研究的差异性主要体现在两个方面：一是 Shepherd 的研究重点关注创业学习的前半部分，即失败的产生、失败的后果及从失败中恢复，尤其关注情绪恢复；Cope 的研究除了包括失败的产生和失败管理外，更多地强调批判性反思和反思行动，对失败进行意义构建，并将从失败中学习的知识运用到未来创业行动中，是一种聚焦于未来导向的学习过程。二是相比于 Shepherd 研究更多关注失败后的经济、心理和情绪成本，Cope 的研究也认为需要考虑失败后产生的社会和关系成本。他认为失败的公开性使创业者在许多社会关系面前感到屈辱、羞愧和悔恨，对来自社会网络的疏离倍感压力，其自尊心和自信心受损。因此，应该将创业者的恢复和崛起置于一定的社会背景中，从某种意义上说，从失败中学习也是一位创业者逐步回归和重新融入社交网络的动态过程。

二、失败情境下创业学习内容

失败学习内容是创业学习研究的一个重要方面，对失败学习的研究主要运用经验学习理论，关注创业者如何从失败中振作起来，并从中学习到具体的知识（Cope，2010）。虽然不同学者提出从失败经历中获取的具体创业知识存在一定的差异性，但是概括起来，从失败经历中获取的创业知识主要有机会识别知识和应对新生劣势知识（Politis，2005），这两类知识与创业活动高度相关。由于一些创业者经历失败后不一定选择再创业，失败经历带给创业者更多的是个人人生和生活的改变，因此失败后学习内容除了获取创业知识外，还可能获取与自我认知改变相关的知识。

创业研究中机会的识别、评价与开发利用是核心和主题，也是将创业区别于与其他学科研究、探索创业一般规律的最重要切入点（Shane and Venkataraman，2000）。大多数的创业者在其创业生涯中都经历过失败，甚至许多人经历了很多次失败。事实上，一些创业机会都是以一系列的失败为基础（Alvarez and Barney，2007）。没有失败经历的创业者因为对失败的担心、害怕使他们不能创造机会，没有失败经历的创业者缺乏灵活有效的心智模式，以致其考虑机会来源时，多少会有不现实的预期（Mitchell et al.，2008）。Mitchell 等（2008）研究创业失败、认知与机会识别的关系时，发现创业者能够将失败视为重新开始的机会，这主要取决于个体参与新的社会经济互动的心理承诺程度，创业机会的创造因为承认失败而被激活，失败前的乐观被失败后的现实替代，促进创业者不断创造新的机会。Mueller 和 Shepherd（2014）通过准试验设计及问卷调研数据分析创业者如何将创业失败经历转化为机会识别知识。他们研究发现创业者的机会原型知识、直觉认知风格更有助于将失败经历转化为后续机会识别知识，先前的专业知识则制约失败经历转化为机会识别知识。

Stam 和 Schutjens（2006）将创业过程中失败学习获取的知识分为内部知识与外部知识，前者是管理企业相关的知识，后者是机会识别和创业警觉性相关知识，其中外部知识更为深刻地影响创业者的后续行为和活动。Stam 和 Schutjens 的研究与 Politis（2005）提出的创业学习获取的两种创业知识（机会识别知识和应对新生劣势知识）极为相似。与 Stam 和 Schutjens 的研究强调外部知识的重要性不同，Cope（2010）更注重创业者通过失败经历获取应对新生劣势的知识。Cope（2010）通过深度案例访谈，发现失败情境下创业者可获取四方面知识，包括自我认知知识、商业知识、网络关系管理知识和新企业管理知识。其中，自我认知知识包括对自我的优势、劣势、技能、态度、信念等方面的评价；商业知识包括对失败企业的优劣势及失败原因的认识；网络关系管理知识是有关管理新企业内部和外部关系的方法；新企业管理知识包括有效运营和控制企业。国内学者也基于中国独特情境研究失败后创业者获取的知识，如于晓宇等（2013）通过访谈发现首次失败后创业者的学习内容主要包括自我学习、内部学习和外部学习。其中，自我学习包括对自我优势、劣势和信念态度等认知改变；内部学习是与企业管理相关的知识；外部学习是与机会识别和外部关系管理相关的知识。郝喜玲等（2015，2016）通过实证研究发现我国拥有失败经历的创业者通过学习获得的知识可以区分为认知改变和能力提升两个维度，前者是通过对失败事件的评估和处理改变创业者对自身和企业优劣势的认知，后者是创业者对创业技能和管理行为的改变。

综合上述学者们的观点，对失败情境下创业学习的研究结果存在一定的差异性，但大致可以划分为三项重要内容：机会识别知识、应对新生劣势知识和自我认知变化。其中，自我认知变化是失败对创业者个人的自我意识、认知习惯和心智模式等的改变。Singh（2011）通过对21位拥有失败经历的创业者进行访谈与分析，认为创业者从失败经历中学习的内容分为商业教训和个人知识转变，个人知识转变包括提升自我意识、重新定义失败、培养全局观和提升共情能力。个人知识转变和精神成长是失败学习的核心内容。创业者经历失败后的认知改变是创业知识增加的前提与基础。创业者的这种改变会影响今后的生活和工作，如果创业者选择再创业，那么其会将学习的知识在未来行动中得到有效利用。

三、失败情境下创业学习方式

Politis（2005）认为创业学习是经验转化为知识的过程，先前的成功或失败经验都能转化成创业知识，在知识的转化过程中学习方式起到了关键作用，创业者越依赖探索式的转化方式，其越能积累和利用创业机会方面的知识；越依赖利用式的转化方式，其越能积累应对新生劣势方面的知识。Politis的研究并没有严格区分成功或失败的经验在转换成创业知识的过程中所呈现的差异性，事实上创业者经历创业失败后，他们发现既有的知识储备、行为惯例等不再有效，创业失败使创业者必须重新评估当前的形势，重新思考之前的基本假设，创业失败学习比程序化的、逐步累积式的学习重要得多。创业者需要根据"企业成长的痛苦"，不断对其学习行为和学习方向再定义和再调整，需要达到更高一级的学习水平（魏江等，2004）。

Cope（2010）通过剖析典型案例并借鉴组织学习和成人学习理论的相关构念，提出失败情境下创业学习有三种高水平的学习方式：双环学习、转化学习和创造性学习。双环学习是创业者更新认识或者重新定义企业的目标和发展战略，用批判性眼光审视其行动战略背后的基本逻辑，挑战既有的心智模式和行动逻辑，强调对造成现状的原因反思。转化学习是创业者的认知能力和自我意识产生了深刻变革，创业者重新评估和理解所面临的问题，更加清晰地认识自我，通过不断的学习和进步以实现对失败的内在超越。创造性学习是一种主动适应环境的学习，创业者通过失败知道哪些行为方式有效或无效，形成基于认知的风险防范机制，及早地发现潜在风险，并且积极地采取措施以避免失败再次发生，将学习的知识应用延伸和导入新情境中。Cope的研究通过对8位拥有创业失败经历的创业者进行深度访谈，详细刻画失败情境下创业学习的过程和内容，但其对创业学习方式论述较少，仅提出三种学习方式，对三种不同学习方式的适用范围、不同学习方式导致学习结果的差异性等问题并没有展开讨论。

综上所述，已有失败情境下创业学习的研究重点是学习过程和学习内容，相对忽视对学习方式的研究，并且相关研究大多是表明立场的规范性文章、描述现象的描述性文章、阐述变量和概念间关系的概念性模型构建文章，鲜有数据调查或案例分析等实证研究。创业者学习效果的差异性很大程度上来自学习方式的不同。因此，失败情境下创业学习方式的研究具有极大的理论价值和实践价值。虽然关于失败情境下创业学习影响的文章相对较少，但是有关组织情境中失败学习的影响研究成果十分丰富，借鉴组织中失败学习的研究成果，同时结合创业失败的独特性，挖掘失败情境下创业学习机制，不仅丰富了创业失败相关研究，而且拓宽了组织失败学习研究情境的适用性，扩大了组织失败学习的解释空间。

四、研究述评及研究机会

20世纪90年代有学者提出"反失败偏见"，重视创业失败在财富创造中的价值（McGrath，1999），学者们逐渐开始关注失败情境下的创业学习，相关研究主要关注为什么有的创业者经历失败后能从失败中学习进而走向成功。由于创业学习的复杂性、多样性和动态性，有学者提出将创业学习置于某些特殊的情境中，如研究失败情境下的创业学习，这将会极大地促进该领域的研究进展（Cope，2005；Politis，2005）。已有研究主要尝试借鉴成人学习、组织学习、创业学习、心理学研究等相关理论和构念来探索失败情境下创业学习的独特性，但相关研究多倾向于趣闻轶事（Cope，2010），仍然处于现象的描述和质化研究阶段。后续研究应该采用多种规范的研究设计和科学的研究方法，结合创业失败的独特性来解构创业学习的内在机制。

创业失败研究从关注创业者个体行为特征的过程视角转向关注行为差异性背后的思维和认知研究，失败研究越来越微观化。与此同时，创业学习从关注成功创业者的最佳创业实践转为关注失败学习的特殊价值。失败情境下创业学习研究已经开始探索创业者的学习过程、学习内容和学习方式等，并根据实践现象和逻辑推导构建理论模型，提出一些有待实证检验的研究命题。具体来说，失败情境下的学习研究更多围绕诱发失败学习的条件、失败学习的内容和失败学习的过程，产生了一系列研究成果（Shepherd et al.，2009，2014；Cope，2010；于晓宇等，2013；Petkova，2009）。但是，失败情境下的创业学习研究却忽视了对学习方式的研究，不同的学习方式导致学习内容和学习效果存在差异，进而导致创业知识和创业行为的差异。

第三节　本书的理论基础

创业研究通过不断汲取来自心理学、管理学、社会学、经济学等学科的研究成果来进行理论构建和学科发展。本节阐述研究所依据的理论基础，通过对社会认知理论和经验学习理论进行梳理，以期为后续研究的理论框架和研究假设推导奠定基础。

一、社会认知理论

本部分在分析社会认知理论（Social Cognition Theory）主要观点和研究内容的基础上，重点梳理社会认知理论下创业学习的研究进展，阐述该理论对本书研究的启发和借鉴。

（一）社会认知理论的主要观点

社会认知这一概念最初由布鲁纳于1947年提出，是个体的兴趣、需要、动机、价值观等社会因素影响对所认知客体的知觉。社会认知理论研究人类认知和信息处理的方法，理论假定为个体的动机、情感和特征影响认知过程，影响个体如何解释现实世界（Fiske and Taylor，1991；Showers and Cantor，1985）。随着社会认知研究范式的不断调整，其研究框架越来越清晰，研究方法科学化和研究内容不断深入，研究成果逐渐被应用于许多领域来解释特殊情境中个体的行为、认知与环境互动关系。下面介绍社会认知理论的主要观点、其对经验作用的解读及对学习的界定和理解。

美国心理学家班杜拉（Bandura）的社会认知理论把行为主义、认知理论和人本主义融合在一起，同时引入社会影响因素，提出一种解释人类行为的宏大理论，为复杂的人类行为提供一个综合有效的理论框架（Baron，1998）。班杜拉在1978年提出三元交互决定论（Triadic Reciprocal Determinism），他认为个体的学习行为由环境因素、个人对环境的认知和个人行为交互作用形成的，这三个变量相互影响、相互制约。主体的认知对所处环境和个体行为进行调解和控制，并决定哪些环境事件会被知觉、解释和组织。行为产生的正反馈或负反馈，反过来会影响人们的思维和他们采取行为改变环境的方式。环境影响行为，个体并不是仅对环境事件做出应对，其也会积极地创建甚至改变环境。社会认知理论从"三方互惠、交互作用"的视角来解释人类的行为，三者之间相对的交互影响力及其交互作用模式因个体、行为和情境的不同存在差异。

社会认知理论认为，经验的作用一方面强调将先前经验进行组织加工并概括为一系列的社会图式以指导后续行为，另一方面根据个体认知和情境不断修正经验的意义，形成新的图式。社会认知理论一个重要的研究内容是社会图式（Social Schema），关注社会图式如何形成及已形成的社会图式对随后的认知和行为产生影响的过程。社会图式是经过对来自社会环境的信息进行选择和加工后在人脑中组织起来的认知系统，分为自我图式、他人图式、角色图式和事件图式（陈俊，2007），其包含个体对自我、他人、群体和社会事件的认知概况，通过对生活中的经验不断组织加工后形成。此外，个体的价值观、经验、知识结构和动机都会影响个体对现实世界的社会感知和社会互动（Operario and Fiske，1999）。个体在社会情境中建构自己的知识，在已有经验的基础上评价、解读和调节自己的行为。个体对生活事件的建构性解释，在很大程度上是个体作用于现实的意象，但这并不一定是客观现实。个体根据自身意愿，对事件、行为进行解释，甚至重新解读所经历事件的意义。社会认知理论认为个体感觉、思考和行动的基础是思维方式，而不是事件的客观性，思维给经验提供方向与意义。

班杜拉的研究抛弃了行为理论单纯认为学习是"刺激—反应"的不断强化过程，吸收社会认知理论中注重对思维、记忆、感知等认知过程的研究，同时强调人的认知因素及人的创造性和完整性。社会认知理论从个体、行为和环境互为因果、交互作用的角度探讨学习过程，试图阐述个体在社会环境中如何学习，从而形成和发展人的个性。近年来学者越来越多地采用社会认知理论来解释个体的学习过程。个体学习行为受到个人内在因素、行为因素和环境因素的影响，个人内在因素包括自我效能感（Bandura，1963；Hornr and Shwery，2002）、动机因素（Zimmerman and Kitsantas，1997）、情感（Bandura，1977）、元认知水平（Pimparyon et al.，2000）等，行为因素包括自我观察、自我决策和自我反应等（Zimmerman and Kitsantas，1997），环境因素包括教育环境、家庭环境、社会环境等，这些因素为学习提供物质方面或社会方面的支持（Bandura，1977）。个体的学习不再是单纯的知识学习，而是认知能力的提升。

（二）基于社会认知理论的创业学习研究

基于社会认知理论的研究将创业学习定义为创业者形成和发展认知结构的过程（Ravasi and Turati，2005；Cope，2005），研究的主要问题是创业者如何获得创业所需要的认知结构和认知内容（Mitchell et al.，2007）。研究者关注创业者在创业过程中如何获取、解读、储存和运用创业知识，更新和构建新的知识结构（Young and Sexton，1997），并将学习的结果形成具有通用性、易得性、适应性特征的认知结构，其中包括直观推断、专家图式、惯例和其他的心智模式等（Marshall，2008）。以社会认知理论为基础的创业学习研究除了关注学习过程和学习模式外，还关注创业者学习的影响因素，其中包括情绪（Cope，2005；Baron，2008）、自我效能感（Rea and Carswell，2000）、直观推断（Holcomb et al.，2009）、评估导向（Jenkins et al.，2014）、态度（Politis and Gabrielsson，2009）、应对策略（Singh et al.，2007）、动机等（Young and Sexton，1997）。

社会认知理论基于学习者主体、行为和环境三者交互作用的角度探讨学习过程，因此以该理论为基础的研究也关注创业学习的情境化和社会化特征，认为创业学习是一项社会化的实践活动，创业学习不单单是为了积累创业知识，而且还是创业者在特定的社会情境中与各种社会关系网络互动的过程（Rae and Carswell，2000），创业学习实质上是创业者通过与社会网络中的成员共同决策、合作和谈判的互动过程（Taylor and Thorpe，

2004）。基于该视角下的研究，以 Rae（2006）提出的创业学习模式最具有代表性，该模型认为影响创业学习的因素包括个人及其社会背景、情境学习和企业共建，学习过程是创业者的个人和社会身份首先被确立并被社会认可，其次创业者加入所在的社会网络关系中，最后创业者与他人共同构建新企业，实现信念联合、意义构建、角色转换和关系连接。创业学习的内容不仅包括个人的经验学习、行业学习，还包括外部关系网络的构建学习等。

二、经验学习理论

很多理论均解释了个体如何学习的问题，包括行为主义理论、认知主义理论、社会学习理论及经验学习理论（Jarvis et al.，2003）。其中，经验学习理论强调经验在学习中的重要作用，同时注重人与情境的互动。相对于其他理论解释，经验学习理论比较接近于整体分析（Jarvis and Parker，2004），能够更好地解释现实。经验学习理论为更好地理解学习现象提供了一些概念框架，同时能够指引实践者寻找解决实际问题的方案，启发我们关注那些对解决问题起到关键作用的变量。本部分主要介绍经验学习理论中非常具有代表性的四位学者的观点，分析各位学者对学习定义、学习过程和学习结果的理论诠释，然后对这四种理论进行比较和概括，最后梳理基于经验学习理论的创业学习研究进展及对本书研究的启示。

（一）经典经验学习理论的主要观点

1. 罗杰斯的经验学习理论

卡尔·R. 罗杰斯（Carl R. Rogers）基于人本主义理论从人类成长潜能的角度来定义学习。他认为学习能够使学习者成为一个完整的人，能够满足人类无限成长和发展潜能的需求，促进人的整体发展，强调自我导向能力和经验在学习过程中的作用。罗杰斯的理论将行为、认知和情感放在一起研究人类的学习行为，批判行为主义理论忽视人类的思维、情感和主动性。

罗杰斯把学习分为两类，两者处于意义连续体的两端，一类学习是无意义的音节学习，这一类学习内容对学习者无个人意义，只涉及心智或认知学习，是一种颈部以上发生的学习行为，该类学习与个人意义、情感无关。另一类学习是有意义的学习，使个体的行为、情感、态度及未来行为选择发生重大改变的学习。罗杰斯认为，经验学习是自由主动、有意义的学习，围绕着学习者的经验，把学习与学习者的愿望、兴趣和需要有机地结合起来。罗杰斯的经验学习理论强调学习主体的积极性，经验学习依赖于个体自由的、发自内心的参与学习活动，并将情感、认知都投入学习事件中，使学习者的行为选择、态度甚至是人格发生变化。个体的学习行为并不完全由环境和外在刺激决定，在很大程度上由个体自主做出选择。对于学习的意义评估应该由学习者进行，学习的意义应该融入整个经验学习的过程中。

2. 麦基罗的转化学习理论

杰克·麦基罗（Jack Mezirow）的经验学习理论主要体现在其转化学习理论（Transformative Learning Theory）中。他认为学习始于经验，当先前经验和知识不能解释新经验时，迫使人们开始思考，这是学习的开端和核心。麦基罗将学习定义为运用先前解释，对个体当下经历做出新的解释或修正已有的理解，以引导随后理解、领悟和行动的过程。麦基罗认为学习包括两方面：一是用先前的想法或先前默会的知识获得去分析遇到的新事物；二是在新情境中构建或修正解释。Mezirow（1991）认为转化学习是通过批判性自我反省的手段来发展已修正的假设、命题、诠释经验的方式，在这个过程中反思（Reflection）起到关键作用。表2-1列出转化学习理论中的关键概念及其内涵。

麦基罗认为转化学习过程包含以下三个阶段：第一个阶段是触发事件（Trigger Events）或迷惘困境（Disorienting Dilemma），能导致个体感到不舒服或困惑的意外事件。当触发事件发生时，个体会发现自己原有的意义图式已无法对该事件做出合理的解释，于是产生因意义缺失而造成的紧张感、焦虑感、退缩感、无能感或不安全感等消极体验。第二个阶段是质疑假设（Questioning Assumptions），在经历痛苦等情绪体验之后，个体会静下心来对自我进行检验，这个过程中反思起到很大作用。个体通过不断地向自己提出：究竟发生了什么（内容反思）、我是怎么做的（过程反思）、我为什么会这么做（前提反思）等质疑，逐渐把意义结构中与该触发事件相关的假设进行澄清。个体也许会发现自己原有假设的不完善，从而尝试对新的假设或意义结构进行思考，为随后的替换或转化做好准备。第三个阶段是重新整合（Re-Integration），修正原有意义结构中的旧假设，或是学习新的假设，以新的假设或意义结构所要求的条件为基础重新融入社会。

表2-1　转化学习理论中的关键概念

概念		内涵及内容
意义结构	个体对各种经验基于自己的理解做出解释，并且形成看待世界的一系列假设，以此为参照体系，对新经验做出解释。意义结构包含意义图式和意义视角	
	意义图式（Meaning Schema）	在某种情境下用来解释经验的一组特定的知识、情感、信仰、价值判断等，影响所见、所感、所思和所为的具体规则
	意义视角（Meaning Perspective）	高阶的意义图式，关于认知、社会文化与心理等各种假设的深层结构，新经验被旧经验吸收或转化的假设基础、参考架构
批判性反思	在解决问题的过程中，对新问题和新经验进行诠释和赋予意义时，对其内容、过程、前提予以检验和批判性评估的过程	
	内容反思（Content Reflection）	审查和检验某一问题的内容或叙述
	过程反思（Process Reflection）	检核与验证所采用的问题解决策略
	前提反思（Premise Reflection）	质疑问题本身，审视解决问题的习惯性思维，使个人的意义结构发生转化

资料来源：Mezirow J. Transformative Dimensions of Adult Learning [M]. San Francisco：Jossey-Bass，1991.

3. 库伯的经验学习理论

大卫·A. 库伯（David A. Kolb）基于杜威的反馈学习模式和皮亚杰的学习和认知发展理论，提出经验学习理论。库伯将学习定义为通过经验转换以创造知识的过程，该定义强调经验学习的四个特征：学习是一个适应的过程，而不仅是内容和结果；知识是一个转换的过程，不断创造和再创造，而不仅是获得和传递；经验转换包括主客观两方面，两者交互作用；学习是发现知识的过程，知识来源于经验的获取和转换。

库伯认为经验学习是一个由四个阶段组成的循环过程：具体经验、反思观察、抽象概括、主动实践（见图 2-1）。个体通过领悟直接经验或感知以获取间接经验，然后通过对各种经验的反思后，对经验进行理解、吸收、概括和总结，并对经验升华和理论化，最后将已获得的知识应用于实践中，检验学习效果。如果在实践中出现新的问题，那么便开始新一轮的学习。库伯强调经验学习是一个连续反复的学习过程，这四个阶段周而复始、不断循环、螺旋上升。

图 2-1 库伯的经验学习过程和知识形态的结构维度

资料来源：Kolb D A. Experiential Learning: Experience as the Source of Learning and Development［M］. New Jersey: Prentice Hall Press，1984.

库伯的经验学习理论认为学习过程有两个基本结构维度：经验的理解（Prehension）和经验的转换（Transformation），前者包括领悟具体经验和理解间接经验，这两个维度用以描述知识的内容；后者包括内部反思和外部延展，描述的是知识变化的速度与过程。在学习过程中两者缺一不可，经验学习过程是经验领悟和转换改造的过程，在这个过程中形成不同类型的学习风格和知识，如表2-2所示。

表2-2　库伯经验学习理论中的关键概念

	具体经验	反思观察	抽象概括	主动实践
四个学习阶段	投入新情境获得新体验	从不同视角对新经验进行思考	理解、吸收经验后归纳、整合出统领性观念	将抽象概念运用于实践中进行检验
两种结构维度	经验的理解（信息获取）		经验的转换（信息加工）	
	领悟具体经验	理解间接经验	内部反思	外部延伸
四种知识类型	发散性知识	吸收性知识	整合性知识	顺应性知识
	直观领悟经验，缩小内涵	综合理解经验，缩小内涵	综合理解经验，扩大外延	直观领悟经验，扩大外延
四种学习风格	发散性学习	吸收性学习	整合性学习	顺应性学习

资料来源：Kolb D A. Experiential Learning：Experience as the Source of Learning and Development［M］. New Jersey：Prentice Hall Press，1984.

4. 贾维斯的经验学习过程模型

彼得·贾维斯（Peter Jarvis）认为库伯的经验学习圈过于简单，他对库伯的经验学习理论进行了扩展，并提出自己的经验学习过程模型（见图2-2）。贾维斯将学习定义为：一个完整的人进入某社会情境中，建构一种经验并将其转化到认知、行为及情感领域，从而使这种经验整合到个人生活中。该理论的基本假设是并不是所有的经验都能够引发学习，所有经验都发生在某社会环境中，强调情境对于经验学习的重要性。当个体进入某一可能引发学习的环境中，从某种经验开始可能产生9种不同的路径，只有某一些路径才能导致学习。

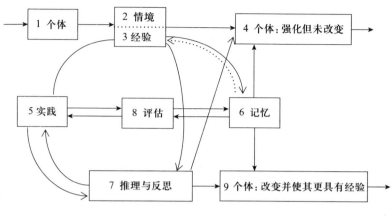

图 2-2　贾维斯的学习过程模式

资料来源：Jarvis P. Adult Education and Lifelong Learning：Theory and Practice［M］. London：Routledge Falmer，2010.

贾维斯认为，一个完整的个体（知识、技能、态度、价值、情感、信念及感觉）进入某一社会情境中，遇到某种事件，这可能导致学习，也可以没有任何变化，如从图 2-2 中的阶段 4 直接退出，这可能由于个体忽视这一经验或视其为理所应当。个体也可能从阶段 3 经验出发到阶段 6 记忆，然后毫无变化的退出即选择阶段 4 或选择阶段 9。个体经过反思与推理后的学习被认为是较高层次的学习，如由阶段 3 经过阶段 7 后再到阶段 5，最后进入阶段 8 评估后选择记忆并使个体经验发生变化后退出。贾维斯的经验学习过程并不是直线式的，而是具有重复性、交叉性的。贾维斯经验学习理论的一些关键概念比较如表 2-3 所示。

表 2-3　贾维斯经验学习理论的关键概念

学习类型	非学习性反应	非反思性学习	反思性学习
具体形式	假设、不加思考、拒绝	前意识、实践、记忆	沉思、反思性实践、体验学习
学习水平	不会引发学习	一般水平的学习	较高水平的学习
表现形式	机械式的反应	新技能的反复练习、获取信息以备未来再现	对学习内容的思考不需要某种行为结果、问题解决、体验环境

续表

学习类型	非学习性反应	非反思性学习	反思性学习
可能的学习路径	1→2→3→4	3→6→4 3→6→9	3→7→5→8→6→9

资料来源：Jarvis P. Adult Education and Lifelong Learning：Theory and Practice ［M］. London：Routledge Falmer，2010.

（二）四种经典经验学习理论的比较

上述学者一致认为经验在学习过程中发挥着极其重要的作用，对于如何将经验转化为学习的问题，他们提出不同的理论解释和模型。四种经典经验学习理论提出的理论基础、关注点、学习定义、关键概念、学习机制和学习结果比较如表2-4所示。

表 2-4　四种经典经验学习理论的对比

学习类型	罗杰斯的经验学习理论	麦基罗的转化学习理论	库伯的经验学习理论	贾维斯的经验学习过程模型
理论基础	人本主义	库恩的范式转换理论、哈贝马斯的社会建构主义、皮亚杰的认知发展论	杜威和勒温的经验学习理论、皮亚杰的认知发展论	建构主义、情境认知论
关注点	个体、认知	个体、理性	情境、理性	情境、理性
学习定义	意义学习，使个体的行为、情感、态度及未来行为选择发生重大改变的学习	运用先前解释，对个体当下经历做出新的解释或修正已有的理解，以引导随后的理解、领悟和行动的过程	通过经验转换以创造知识的过程	在情境中，个体建构一种经验并转化到认知、行为及情感领域
关键概念	意义学习、自由	意义视角、意义图式、过程反思、内容反思、前提反思	发散性、吸收性、整合性和适应性知识（学习方式）	非学习性反应、非反思性学习、反思性学习

续表

学习机制	主动构建、双向互动	触发事件、批判性反思、重新整合	具体经验、反思观察、抽象概括、主动实践	多条路径
学习结果	成为完整的人	意义结构改变、适应新情境	获取和转化知识	转化为知识、技能和态度

资料来源：根据相关资料整理。

根据上述四种经验学习理论可以得出如下四点共识，梳理这一共同点既是经验学习现象的概括总结，又有助于启发如何将经验学习理论应用到其他情境中。

第一，经验是学习的重要来源。所有的学习始于经验是经验学习理论的基本假设，虽然学者们对于经验的内涵及经验在学习过程中发挥的具体作用等内容并未达成一致，但是上述四种经验学习理论都承认经验的重要作用，经验是学习者的"活的教科书"，经验是学习的基础和依托。同时，这四种理论还强调并不是所有的经验都能引发学习，引发学习的程度也不一致。一些关键经验或特殊的事件对个体的经验学习具有更大的影响，如麦基罗提出的转化学习发生的前提——触发事件就是一种极端的意外经验。

第二，反思是经验学习的内在驱动力。无论是麦基罗转化学习理论中的批判性反思、贾维斯的推理与反思，还是库伯的反思观察与抽象概括，都强调反思在经验学习中的重要作用。麦基罗和贾维斯的理论都表明反思的深度和强度决定学习水平的高低。梅里安和凯易瑞拉（2011）总结了上述四位学者的经验学习理论后，认为经验本身的真正价值在于对经验反思后的智力发展，有效的学习来自积极有效的反思。

第三，强调学习方式的重要性。学习方式是个体最有效率、最有效果的感知、加工、存储和回忆他们学习内容的方式倾向。学习方式能够解释完成任务过程中个体间学习效果的差异性，不同的学习方式导致不同的学习效果，如获取不同的知识或行为改变程度。麦基罗的转化学习理论中根据个体反思内容的不同分为三种不同的学习方式：过程反思、内容反思和提前反思；库伯的经验学习理论根据信息获取和加工方式的不同分为四种不同的学习方式；贾维斯的经验学习过程模型根据学习路线选择不同分为反思性学习和非反思性学习。虽然不同学者对于学习方式的分类和定义不同，但一致认为学习方式在学习过程中发挥极其重要的作用，不同方式导致学习效果的差异性。

第四，学习离不开一定的情境。最开始的经验学习理论强调人的主体地位和认知发展，随着研究推进及来自其他理论流派学者的质疑，经验学习理论的研究者们开始认识到情境的重要性。例如，早期的转化学习理论并没有强调情境的作用，后来麦基罗也试图充分解释情境如何适用于他的理论，其认为任何历史时刻的特定社会文化因素都会妨碍或促进批判性反思和理性交谈。尤其是借助建构主义理论的研究成果，他们认为经验学习是个体积极主动地在情境中建构经验。经验并不能脱离一定的社会情境而存在，经验是具体的、情境化的。学习者对相关经验的转换和理解要结合一定的社会情境，同时也要考虑社会互动的因素。

总之，经验学习理论强调在学习过程中需要将当下学习内容与过去经验结合在一起，也需要与未来的情境联系起来。学习的主体是人，学习发生在社会情景中，学习的发生是经验的结果，经验可以是认知的、情感的或实践的，学习结果是连续性的个人经历。

（三）基于经验学习理论的创业学习研究

创业学习是重复成功行为并规避错误行为的校正机制，是创业者基于先前经验来更新主观知识而进行的学习（Minniti and Bygrave，2001）。虽然研究者对创业学习概念的界定还没有达成一致，但是 Minniti 和 Bygrave 基于经济学推导逻辑并借鉴经验学习理论的定义得到很多学者的认同。创业学习模型重点揭示创业者的学习过程，关注创业者如何通过学习积累创业知识。从发展脉络来看，早期的创业学习研究大多数借鉴经验学习理论对创业者个体层面学习过程进行解释，随后将创业学习与具体的创业活动进行关联，以机会或资源开发过程为主线来构建创业学习模型。经验学习理论是创业学习研究的一个重要理论基础，下面重点梳理基于经验学习理论的创业学习模式。

个体层面的创业学习研究主题包括创业者学习什么、怎样学习、影响学习的因素及学习结果，其中研究最多的是创业者如何学习和学习结果。创业是一个不断学习的过程，创业者在这个过程中如何将经验转化为知识和技能进而推动企业的发展，是学者们关注的重点。经验学习理论视角下的研究重点关注创业者在创业过程中如何将经验转化为知识，强调经验在机会识别开发和企业创建过程中的重要性（Minniti and Bygrave，2001；Politis，2005；Corbett，2007；Holcomb et al.，2009）。因此，创业学习与识别和利用机会，获取、吸收和管理知识以谋求组织发展等过程紧密相关。

Politis（2005）将创业学习视为一个经验学习的过程，基于创业者经验、转换方式和创业知识构建创业学习过程模型。该模型将经验学习理论应用到创业领域，重点研究创业者的创业经验、管理经验和行业经验等如何转化为创业知识。创业者选择何种学习方式与先前成功与失败的经历次数、推理方式偏好和职业取向有关。相比于 Politis 模型，Corbett（2005）的创业学习模型更加聚焦，主要研究不同的创业学习方式如何影响机会开发和识别。该模型基于经验学习理论和机会识别和开发过程，提出在创业机会识别和开发的准备、孵化、评估和实施阶段，对应采取的主导学习方式分别为整合性学习、吸收性学习、发散性学习和顺应性学习，这样能够发挥各种学习方式的优势，更好地识别和开发机会。随后 Corbett（2007）通过实证研究检验创业者如何通过信息和知识获取、转化来增加机会识别的数量，该研究使用科技行业 380 家企业样本数据，发现先前知识（通用知识和专有知识）、信息获取方式、信息转换方式对识别创业机会数量产生影响，而且先前知识和信息转换方式对信息获取方式产生一定的影响，两者的交互作用对机会识别数量产生影响。

Holcomb等（2009）将创业学习定义为一个获取、吸收和管理新知识的过程，他们的创业学习模式主要分析代表性、易得性、锚定和调整等直观推断方式在经验学习和模仿学习路径下对创业知识形成路径的影响，用以解释创业者学习差异性的原因。他们的创业学习模型重点分析直观推断方式对机会识别知识的影响，直观推断有助于创业者积累知识，但也会扭曲判断和导致学习偏见。

从创业学习定义演化可以看出，早期的创业学习研究更多地关注学习过程本身，较少考虑具体的创业问题。随着研究的深入，学者们将创业学习与具体的创业问题结合在一起，开始从机会或资源开发的视角探讨具体的创业学习过程，凸显了创业学习对于解决具体创业问题的重要性和必要性。尤其重要的是，学者们一直比较关注的话题是创业者在机会识别和新企业管理的不同阶段选择不同的学习方式（见表2-5）。学者们借鉴组织学习、经验学习和认知学习方式的研究成果分析创业过程中如何将经验转换为创业知识。相关研究不仅根据创业情境的独特性匹配更加合适的学习方式，而且突出学习方式选择的动态性，即根据不同阶段和学习任务选择不同的学习方式，这将具有更大的优势。例如，Corbett（2005）根据机会识别和开发不同阶段提出四种主导学习方式，而Politis（2005）则认为创业者要处理大量的不确定性，每天都需要应对很多具体经验的转换问题，同时在决策过程中更多的依靠直觉和类比。因此，不能直接将Kolb经验学习模型中的学习方式套用在各种情境中，应该使用March的探索性和开发性学习方式，强调两种学习方式的平衡和交替。Holcomb等（2009）研究认知层面的创业学习方式，强调创业者在时间压力、资源约束的条件下，因快速决策而采用的一些直观推断方式会对创业知识形成影响。

表 2-5　三位学者的创业学习模型比较

代表性成果	Politis（2005）	Corbett（2005）	Holcomb 等（2009）
创业学习定义	经验转化为有效创建和管理新企业必需知识的连续过程	个体如何通过信息、知识获取和转化来识别机会	获取、吸收和管理新知识的过程
创业学习方式	探索式学习与开发式学习	整合性学习、吸收性学习、发散性学习和顺应性学习	代表性、易得性、锚定和调整等直观推断方式影响经验到知识的转换
学习方式来源	借鉴 March 的组织学习	借鉴 Kolb 的经验学习	借鉴认知学习方式
创业学习结果	机会识别知识和应对新生劣势知识	机会识别和开发	创业知识
学习方式选择的逻辑思路	借鉴相关学科的学习方式分类研究创业学习，强调学习方式选择的动态性和匹配性		
学习结果选择的共性	将创业知识作为创业学习的结果，尤其关注机会识别和知识开发		

资料来源：根据相关资料整理。

　　综合以上分析我们发现，创业学习研究越来越情境化、具体化，从创业者微观层面探讨不同类型的经验转换为创业知识的路径，创业学习方式研究是一个重要的主题。先前创业学习研究聚焦于成功创业者和最佳创业实践，忽视了失败学习的价值。成功经验具有情境依赖，而失败经验具有情境放松特征，很多新创企业的失败经验、失败原因均具有共性。因此，创业学习研究从关注成功创业者的最佳创业实践转向挖掘失败的价值。相比于整体的创业学习研究，失败情境下的创业学习研究更多关注诱发学习的条件和学习内容，忽视对学习方式的研究。不同的学习方式导致学习内容和学习效果存在差异，进而导致创业知识累积的差异。

第四节 反事实思维研究述评

反事实思维（Counterfactual Thinking）在日常生活中很常见，它有助于个体进行因果推理，使个体从经验中学习，反事实思维影响从创造力到概率推断等多种认知活动。反事实思维为知悉心智模式和认知过程提供了线索（Byrne，2002）。学者将起源于心理学的反事实思维引入创业领域，为创业思维和创业认知研究提供了新的视角，能够更好地解答创业特质论和过程论对创业行为选择无法解释的一些现象。本节在对心理学中反事实思维的内涵、分类和功能介绍的基础上，分析创业领域中反事实思维的研究进展，并且据此提出反事实思维对失败学习研究的启示。

一、反事实思维内涵、分类及其功能

（一）反事实思维的内涵

反事实思维最早由美国著名心理学家、诺贝尔经济学奖获得者卡尼曼（Kahneman）和特沃斯基（Tversky）于1982年在其《模拟式启发》论文中提出，他们认为人们进行因果归因或因果推理时常产生如果改变某种条件，那么结果可能不会发生，即在心理上进行"如果……那么"的心理模拟，从而做出推测或判断，这种思维方式被称为反事实思维方式。国内有学者将Counterfactual Thinking翻译为假设思维（张结海和朱正才，2003）、虚拟思维（蒋勇，2004），虽然这两种翻译也能反映出与现实不一致或不相符的含义，但这种翻译也包含想象与创造的成分。从字面意思上来看，反事实是与事实相反，因为反事实思维是对已经发生的事件进行心理否定和替换，以便更好地预测和推理，因此将Counterfactual翻译为反事实更贴切和符合原本含义（陈俊等，2007）。

反事实思维在心理学上定义为在头脑里撤销已经发生过的事件，然后想象原本可能会出现而实际并没有出现的一种思维活动（Roese，1994）。

反事实思维往往通过比较效应机制产生，根据经济学的"理性经济人"假设，个体是利己的，追求最优决策，在给定约束条件下力求效用最大化，人们不断企求发生理想结果，因此往往将已经发生的既定事实结果与可能的理想化结果对比，对偏离理想化的结果很敏感。反事实思维是对已经发生的事件进行事后判断和决策的一种心理模拟，有意识地再激活储存在记忆中已经采取的行为方式的思考（Decety，1990），有助于推理、预测，能够明确目的、改善行为，或者这种心理模拟具有情绪功能，改善人们的情绪体验（Roese et al.，1997）。

（二）反事实思维的分类

心理学家从不同的角度对反事实思维进行分类。按照不同的分类标准，反事实思维的类型主要包括以下三种：

（1）根据反事实思维的方向，可将反事实思维分为上行（Upward）和下行（Downward）两种（Markman et al.，1993）。上行反事实思维是对于已发生的事件，想象如果满足某种条件，就有可能出现比真实结果更好的结果。例如，"如果起跑时能再快一点，我就能拿到金牌，登上最高领奖台了"。下行反事实思维则是假设一种比事实更坏的结果，如"要不是第四名最后慢了一步，我恐怕连铜牌也拿不到""如果我发挥得稍微差一点，就与奖牌失之交臂了"。有学者通过对115名运动员调查发现，获得铜牌的运动员往往比获得银牌的运动员更开心。银牌得主通常采用上行反事实思维，他们往往会有"差一点就拿到金牌"的遗憾，而铜牌得主往往采用下行反事实思维，会有"差一点就拿不到奖牌"的庆幸（Medvec et al.，1995）。一般来说，个体遭遇负面事件后容易产生类似于银牌选手的上行反事实思维，碰到正面事件则易产生类似于铜牌选手的下行反事实思维（Landman et al.，1987）。

（2）按照反事实思维的内容，可将其分为自我导向（Self-Focused）、行为导向（Behavior-Focused）和情境导向（Situation-Focused）的反事实思维（Niedenthal et al.，1994）。自我导向的反事实思维其评价焦点是个体的自我层面，即个体习惯性的、长期的、内在的、稳定的能力、人格等。行为导向的反事实思维其评价焦点是个体的行为，即一个人在某件事情上所做的或未做的行为。情境导向的反事实思维将评价的对象指向与个体无关且无法控制的外在情境因素（天气、运气等）。

（3）根据反事实思维的结构，可将其分为加法式（Additive）、减法式（Subtractive）和替代式（Substitutive）反事实思维（Roese，1994）。加法式反事实思维是在前提中添加事实上未发生的事件或未采取的行动而对事实进行否定。减法式反事实思维与加法式反事实思维相反，它假定某个既定事件并没有发生，从而对事实进行否定和重新建构。替代式反事实思维是假设在前提中发生的是另一个事件。

在现实生活中，人们对某一事件结果的反事实思维并不仅归于上述某一类，而可能同时属于两种或三种类型，如"要是我能大度些的话，或许这种事情就不会发生"，既属于自我导向的反事实思维，也属于加法式反事实思维和下行反事实思维。

（三）反事实思维的功能

反事实思维具有情绪功能和准备功能，情绪功能是因为反事实思维提供不同于事实的其他可能性从而改变人们的情绪体验，使个体感觉变得更好或者更糟，其作用机制以比较效应为基础（Roese et al.，1997）。对于同样的事件结果，个体采用不同方向的反事实思维能够引发不同的情绪体验。一般来说，上行反事实思维模拟了更好的可能性，能够诱发更多的负向情绪，如后悔、内疚等；下行反事实思维则能使人意识到避免可能更坏的结果，其模拟更差的事件结果，因此诱发积极的正向情绪，如庆幸等（Medvec et al.，1995）。此外，"做效应"也会影响反事实思维的情绪功能，索涛等（2009）的研究表明，面临同样的决策结果，"做"比"不做"导致的后悔情绪更加强烈。除了与事件有关的影响因素之外，一些个人因素如自我价值感、自尊、对未来的关注程度等都对反事实思维的情绪功能具有一定的调节作用。

准备功能指通过反事实思维方式，个体能够为将来做准备，并改善自己未来的命运（Roese，1994）。反事实思维是个体对已经发生的事件进行心理模拟和替换，有助于后续行为的预测、推理、因果归因，帮助人们明确目的和手段关系，改善行为绩效。不同类型的反事实思维通常会产生不同的准备功能，如上行反事实思维比下行反事实思维具有更强的准备功能，有助于人们从失败中学习，上行反事实思维还可以增强人们对事件的控制感（Morris and Moore，2000）。加法式反事实思维比减法式反事实思维更有利于未来的成功，前者着眼于探索有助于未来成功的新方案，比被当前实际情境束缚的减法式反事实思维更具有创新性和创造性。

二、创业研究中反事实思维研究

反事实思维概念引入创业领域为探索创业者的思维和认知提供了新的视角（Baron，1998）。经过 18 年的发展，不同背景的学者把反事实思维作为一个变量引入各自研究，已有研究主要围绕着创业者是否会进行反事实思维、反事实思维的强度和数量差异性，以及反事实思维在创业过程中的具体作用机理等方面。

第一，创业者的反事实思维强度和数量差异性的研究。围绕着创业者与非创业者及不同创业者间的反事实思维存在怎样差异性的问题，早期研究试图回答创业者比非创业者较多（还是较少）进行反事实思维。Baron（2000）以学生为参照样本，实证发现创业者较少使用反事实思维，对此他的理论解释为：创业者是面向当下和未来的，这种未来导向及创业者具有的过度自信、过度乐观等认知偏差，降低其对过去的反思。不过，后续研究并没有支持这一研究结果。Markman 等（2002）认为 Baron 研究中以学生作为对比样本存在偏差，为降低偏差，他们的研究将拥有专利的非创业者和创业者进行对照分析，研究发现两组人员反事实思维的数量并没有显著差异，但是其内容存在很大差异：创业组为尚未干过的事情后悔，如错过的商业机会，而非创业组则为已经做出的决策后悔，如接受教育和求职决策。该项研究分析了创业者反事实思维的强度和内容，但是并没有深入讨论创业者如何将反事实思维应用于创业过程中，这也是后续反事实思维研究关注的重点。

第二，反事实思维对创业者心理层面的作用机理。随着研究的深入，学者们不再围绕创业者反事实思维数量和强度的差异性展开研究，开始探究反事实思维对创业者的影响，如探索创业者反事实思维对自我效能感、自尊的影响。Arora 等（2013）研究发现，创业者反事实思维的强度、数量和随之产生的不适感降低了创业者的自我效能感，但是自尊和个体的积极情绪能够降低反事实思维和自我效能感的负向关系，也就是说创业者的自尊心强，并且处于一种积极情绪时，则能够减少反事实思维对创业者自我效能感的负面作用。因此，为达目标的个体可以有意识地控制和运用反事实思维，把其当作一种策略性认知工具，方便以后处理与既有经验不一致的信息。

第三，反事实思维影响创业行为的作用机理。反事实思维将现实事件与替代方案对比，主要是重新构建事件而不仅是对以往经历的回忆（Kahneman and Miller，1986）。反事实思维是创业者解构过去以理解现在的机制，并为未来行为或事件做好准备。关于反事实思维影响创业行为的研究主要集中在其对机会识别和机会开发的影响。创业者进行反事实思维，并不仅是为了获取情感满足或者推卸责任，更多的是利用这种心理模拟和推理方法来提升机会识别和机会创造能力（何轩等，2013）。Gaglio（2004）认为反事实思维是一种识别和开发创新性机会的心理机制。他的研究发现在反事实思维激活、构建和评估的三个阶段中，创业者能够主动进行反事实思维，通过将可能改变现状的举措与各种后果联系起来并进行思维模拟，这不仅锻炼创业者的认知能力，而且有助于在各种不确定性的商业环境中识别和开发创新性机会。Groves 等（2011）认为反事实思维是非线性创业认知思维，这样的思维方式可能会导致一定的认知偏差，但是也能产生积极效应，非线性思维与线性思维交互影响，既能放大彼此的主效应也能抑制各自的负效应，合理运用线性思维和非线性思维，能够帮助创业者更有效地进行机会识别与评估。不过，Wood 和 Williams（2014）认为反事实思维是基于规则的思维方式，他们研究发现创业者通过对先前的经历进行反事实思维时，往往会将可能改变状况的措施与之产生的不同结果关联，然后判断实施这些措施可能导致的最坏结果。如果最坏的结果超出创业者的承受能力范围，那么创业者则会放弃该机会；反之，则通过机会进入后续机会开发环节。

三、反事实思维对失败学习研究的启示

首先，反事实思维对后续创业研究的启示。反事实思维是一种个体解构过去以理解现在的机制，并为未来行为或事件做准备。创业就是一个对未来展望的过程（Haynie et al.，2009），创业者往往基于反事实思维对未来事件和结果进行想象，设想如果采取不同的行为，结果会有怎样的不同（Baron，2000；Gilovich and Medvec，1994；Kahneman and Lovallo，1993；Miller and McFarland，1986）。早期有关创业的研究的切入点就是解答创业者比非创业者较多（还是较少）地进行反事实思维（Baron，2000；Markman et al.，2002），但是相关研究并没有得出一致结论。Gartner 早在1985 年就提出创业者之间的差异可能并不比创业者与非创业者之间的差异小，后续研究需要关注不同的创业者的反事实思维差异性，或者更具体来说具有不同个体特征的创业者在不同创业情境中反事实思维的差异性，包括反事实思维强度及反事实思维对创业者心理、创业活动的影响。已有学者提出未来的研究需要借用心理学等的研究设计和研究方法，对不同的创业者在不同情境下的反事实思维差异性和作用机制进行研究（何轩等，2013）。

其次，创业失败能否激发创业者的反事实思维与是否产生反事实思维机制密切相关。反事实思维的早期理论为"范例说"（Norm Theory Perspective），该理论认为反事实思维是一个自动化的过程，该理论致力

于寻找诱发反事实思维的因素（Kahneman and Miller，1986）。范例是个体根据过去经验形成的对某类事件或事物的一般性知识和预期。如果已经发生的刺激物与个体中的范例不一致或不相符，那么容易激发个体的反事实思维。例如，相对于正常结果而言，意料之外的结果更容易激发个体的反事实思维。由于非正常的结果偏离范例导致不正常，人们就倾向于恢复规范，反事实思维就是人们为达到恢复规范的目的而采取的方法（Kahneman and Tversky，1982）。Landman 等（1987）发现负向结果比正向结果能引发更多的反事实思维，因为负向结果一般都是意料之外的结果。部分学者研究发现由于个体采取行动而导致的负向结果，将产生更多的反事实思维（Kahneman and Tversky，1982；Guttentag and Ferrell，2004）。

与"范例说"相反，也有学者认为反事实思维并不会自动产生，往往在个体处于某些特定环境、特定情绪状态下产生，也就是外部环境、个体的情绪、态度和动机等因素影响反事实思维（Sanna，1999）。该流派下的研究认为悲伤程度越高，则产生反事实思维的可能性也就越大（Zeelenberg et al.，2002），Roese（1994）的研究结果表明，90% 以上的反事实思维都由消极情绪诱发。创业失败是一种负向的、非正常的结果，并且其带来的一系列成本导致创业者产生极大的悲痛情绪。因此，根据反事实思维产生机制，不论其是自动化产生还是情境化的产物，失败后创业者都容易产生反事实思维。在此思路下，后续研究需要关注在创业失败的情境下，因创业者的特征和情境不同，导致反事实思维强度及其对创业活动影响存在差异性。

最后，从反事实思维的功能角度看待反事实思维对失败后学习的价值。反事实思维具有准备功能和情绪功能（Roese，1994）。从反事实思维的准备功能来看，它对经验学习至关重要，反事实思维也有助于对事件进行意义构建，当对过去已经发生的事件进行反思、假设和推演时，完成对该事件的原因分析、已经采取的或尚未采取的行为对事件的意义、事件对个体的价值等活动，以此来深化意义构建。反事实思维过程涉及对过去失败事件的重新解构分析，以便于为未来做好意义建构，这个过程能够对既定事实的前置变量或者结果变量发生变化后进行再定义，从而有助于个体更了解出错的地方及采取相关措施以更好地控制事件的发展。个体通过反事实思维来提高为未来准备的水平，有助于识别未来行动的新图式，激励个体为成功做出必要规划（Markman et al.，1993；Roese，1994）。反事实思维是一种情绪修复策略（Sanna，1999），反事实思维既能让创业者从过去经验中学习，也能使创业者感到舒服，如采取下行反事实思维会使个体感觉更好（Arora et al.，2013）。综上所述，已有研究发现反事实思维对失败后的反思学习、事件意义构建、未来行为规划控制及失败后情绪修复等具有重要的作用，但是其作用机制尚未开始研究。

第五节　已有研究述评及对本书启示

通过对相关文献梳理与回顾发现，过程视角下的创业研究有助于归纳成功创业过程中的行为规律，但忽视创业情境、创业心理与创业行为的互动；认知视角下的创业研究关注创业者在创业过程中用于评价、判断和决策的知识结构的形成与演化，为创业者行为差异性提供了微观知识基础，将创业心理与创业行为联系起来，深化和拓展已有过程视角下的研究。认知视角下的创业失败研究聚焦于创业者将失败经验转化为知识的机制，能够更好地解释失败后创业者后续行为的差异性，将创业情境、创业心理与创业行为结合起来。

已有研究主要采用学习机制研究创业者将创业失败经验转换为知识的机制。目前学者们对失败情境下创业学习的过程、学习的内容与学习的方式都展开了探索性研究，相对而言，有关创业学习方式的研究成果较少，并且大多研究基于失败情境下创业者学习的现象与实践。部分学者借鉴经验学习理论，采用质性的方法对创业学习方式提出一些概念，导致学术界对该现象的理论探讨并不明晰，也制约了相关实证研究的开展。同时，在研究内容上，学者们对失败情境下创业学习本质的理解未能达成一致，缺少对创业学习方式及其深层次影响因素的关注，在探索创业者经历创业失败后学习过程机理方面的研究存在较大的局限性。此外，虽然已有研究开始关注失败情境下创业学习的结果，如改变了创业思维、创业知识、创业能力和创业行为，但是这些研究并没有详细刻画影响路径，如探讨不同创业学习方式导致创业者的创业知识发生了怎样的变化。规范和完善失败情境下创业学习过程研究，不仅有助于深化和拓展相关创业失败和创业学习的研究，而且对提升创业者的创业知识、制定和完善相关创业政策有重大的实践价值。针对上述研究不足及其现实中存在的实践问题，本书整合创业失败、创业学习、经验学习和社会认知理论中相关观点与概念，尝试从三个方面为该领域研究提供有价值的参考。

首先，明确失败情境下创业学习方式的差异性。已有失败情境下创业学习的研究较多关注学习过程和学习内容，对学习方式研究较少。失败情境下，创业者学习内容、学习过程和学习效果的差异性取决于学习方式的不同。通过文献回顾发现，许多学者认为相对于成功，创业失败更能带来真正意义上的反思（Stikin，1992），并刺激创业者改变心智模式（Cope，2005）、改变自我意识（Politis and Gabrielsson，2009）。创业失败对创业者的认知框架、认知路径和基本假设等深层次的价值观和心智模式造成冲击，往往促使创业者对自我进行重新评价。虽然很多学者认识到创业失败后创业学习的独特性，并将其与成功比较得出失败学习对创业者的心智模式、价值观等深层次的思维方式和意识形态造成冲击，但是并没有深入研究导致思维方式和意识形态发生改变的途径，以及这种心智模式、价值观等改变程度的大小。只有极少研究开始借助组织学习、经验学习、成人学习等相关成果，提出创业者经历失败后可能采取的学习方式。Cope（2010）通过剖析典型案例提出失败情境下创业学习分为双环学习、转化学习和创造性学习，但是他的研究仅提出三种学习方式的概念，并未对此展开深入的研究，这些建设性和开创性的观点可以为后续研究提供指引和方向。本书借鉴经验学习理论和组织学习理论的相关概念，根据创业失败情境的独特性，分析创业学习方式的差异性。

其次，失败情境下创业学习转换为创业知识的机制。成功经验具有情境依赖，而失败经验具有情境放松的特征，很多新创企业的失败经验、失败原因具有共性。基于失败情境挖掘创业学习的价值，分析创业知识提升的路径，能够使研究结论更具有科学性、普适性和实践指导价值。失败会诱发学习，导致创业者采取新的做事方法，成功的或失败的经历使创业者在知识获取、信息处理及行为方式等方面存在很大差异，成功和失败对创业者知识形成的路径影响并不一样，从失败学习角度挖掘创业知识的形成路径，能够更好地解释"成功的创业者大多经历创业失败，但经历失败的创业者并不一定走向成功"这一现象。已有认知视角下的创业失败研究已经关注失败经历是否转换及如何转换为创业知识，虽然相关研究也关注学习的作用机制，但是对于不同的学习方式导致创业知识存在差异性的研究不足，后续研究不仅需要区分成功和失败经历对创业知识形成的影响，而且还需要刻画拥有失败经历的创业者采取不同的学习方式导致创业知识的差异性。

最后，深化失败情境下创业学习影响因素的研究。失败情境下创业学习影响因素的主流研究关注失败后的悲痛情绪，如 Shepherd 的系列研究围绕失败后的悲痛情绪如何影响失败学习。具体来说，悲痛情绪干扰失败后信息处理的过程，失败后悲痛程度高的创业者从失败中学习的内容少于悲痛程度低的创业者。围绕创业者经历失败后悲痛程度为什么存在差异，学者们进行了深入的研究。他们认为这取决于创业者对创业失败的评估导向（Jenkins et al., 2014）、态度（Politis and Gabrielsson, 2009）、对失败成本大小的感知（Shepherd et al., 2009）、失败应对策略（Singh et al., 2007）等。按照这个研究逻辑和研究脉络，未来的研究需要进一步探讨创业者对失败评估、态度、感知及应对策略存在差异性的原因。随着创业研究从关注行为理性深化为关注认知理性，有学者提出创业者行为受到认知和情感的影响，我们看到的只是行为表象，其实看不到的行为原因（如认知和思维）往往更有趣（Bird et al., 2012）。那么创业者经历失败后采取的一系列行为是否与其深层次的认知和思维方式有关及两者存在怎么样的关系，这一研究问题具有学术前沿性和重要的研究价值。Baron 于 1998 年把心理学中反事实思维概念引入创业研究，为探索创业者的思维和认知方式提供了全新的视角。反事实思维是一种对过去已经发生的事情进行事后判断和决策的心理模拟方法，反事实思维与情绪相关。Johnson 等（1990）通过比较效应发现，上行反事实思维更容易产生消极的情绪，而下行反事实思维更容易产生积极的情绪。创业者经历创业失败后产生的不同情绪体验、行为特征是否由于创业者采取不同的反事实思维范式，进而影响后续学习和知识的增加呢？本书借鉴心理学中的反事实思维来分析创业者在经历失败后其反事实思维如何影响创业学习方式的选择进而影响创业知识的积累。

第三章　理论模型与研究假设

在第二章对相关文献进行系统梳理与述评的基础上，逐步明确本书依托的知识基础和理论情境，进一步强化研究问题的价值性、可行性和科学性。本章在对关键概念界定和分析的基础上，根据相关理论逻辑和知识构建理论模型，进一步明确研究要素之间的作用关系，并聚焦理论构念和相关变量间的关系，通过理论逻辑推导提出假设。

第一节　关键概念界定

创业失败、创业学习、创业知识是创业研究中的重要概念，对这些概念内涵和外延界定的不同，直接影响研究结论的适用性和科学性。不同学者也都根据各自的研究视角、研究目的和研究问题给出不同的定义。要探讨本书各关键构念的逻辑关系，构建理论模型和研究假设以更科学、更规范地解答研究问题，其前提工作就是界定相关概念，明确研究构念的内涵和外延。为此，本节对创业失败、反事实思维、创业学习和创业知识等相关概念进行界定，进一步阐述和确定本书关键概念的理论内涵，明确研究情境和研究问题进而提升研究的严谨性和科学性。

一、创业知识

对创业知识的界定主要分为两种视角：一是从创业活动所需要的具体职能角度提出创业知识的概念，这一类研究将创业知识与创业需要完成的任务相关联；二是从抽象的关键创业要素角度对创业知识进行界定，将创业活动需要的知识进行高度抽象分类。

第一个视角下的学者基于创业行为过程，从新企业运营需要的职能功能出发，将创业知识具体化，但是由于不同学者的研究思路和研究目的不同，所以对创业知识的分类标准不一。Widding（2005）从创业知识的多种功能出发，将其划分为产品、市场、组织和财务四个方面的知识。Cope（2005）提出创业知识包含四类，即自我认知知识、商业知识、网络关系管理知识和新企业管理知识。Roxas 等（2008）将创业知识分为包括生产、销售、人力资源管理、财务管理等在内的功能导向性知识和包括竞争分析、环境分析、企业成长等方面的战略管理导向性知识。

该视角下的研究主要存在三点不足：首先，学者们更多地套用成熟大企业所应具有的职能知识类别框架界定创业知识内涵，但新企业并不是大企业，这种分类并没有考虑创业知识的本质特征，没有将创业知识与一般的企业管理知识进行有效区分。其次，该视角下创业知识的划分标准、知识间的层次关系和逻辑关联等并不清晰。最后，从创业者和新企业成长的角度来看，在高度不确定性、时间压力和资源约束的条件下，创业者必须快速识别具有价值的机会，整合有限资源以实现新企业的生存与成长。因此，与机会识别和资源整合相关的知识对创业者来说尤其重要。综上所述，有必要从创业活动的本质、新企业存活所必需的独特知识特征来概括创业知识的内涵。基于此，有学者开始探索基于创业关键要素来定义创业知识。

第二个视角下的学者基于创业的关键要素给出创业知识的界定，将创业关键要素融入创业知识的概念体系中，从机会、资源或者结果角度加以界定，将创业知识概括为抽象知识。这一视角的定义不仅能够凸显创业知识的独特性，而且高度抽象概括了创业过程中所需要的各种知识。有学者认为创业知识是创业者利用抽象化知识去寻找、获得具有潜在价值的资源并加以整合、利用的能力（Alvarez and Busenitz，2001）。Holcomb 等（2009）将创业知识简单归结为能够寻找创业机会并创造竞争优势的相关知识。Politis

（2005）将创业知识概括为创业者识别机会和应对新生劣势的管理知识。创业知识是在新企业创建、成长的过程中，创业者用于机会识别、资源配置、新企业运营管理和战略选择并能创造经济效益的知识（单标安等，2015）。

本节主要考察创业者经历失败后，其不同的创业学习方式对创业知识的影响，这里所指的创业知识是对后续创业活动具有很大帮助的知识，经历失败的创业者可能对创业关键活动有更深刻的理解和解读，对创业知识的独特性认知也更加深刻。因此，本节沿用第二种视角对创业知识进行理解，认为创业知识是关于发现、整理、加工信息以识别有价值的机会，配置资源以提升新企业存活率的抽象知识，主要包括机会识别知识和应对新生劣势的管理知识。

二、创业学习

（一）创业学习定义

已有相关创业学习的文献多数聚焦于个体层面研究创业者学习方式及学习的内容（Wang and Chugh，2014），但学者们对创业学习的界定仍然较为宽泛，呈现出碎片化、多样性的特征。例如，将创业学习定义为创建新企业的学习过程（Ravasi and Turati，2005），创业者的经验学习（Cope，2005），创业者的学习方式、学习原因及学习内容（Parker，2006），机会识别和利用机会过程中的学习（Corbett，2005），与知识获取、吸收和管理相关的学习（Holcomb et al.，2009；Politis，2005），创业者基于先前经验来更新主观知识积累而进行的学习（Minniti and Bygrave，2001）。虽然对创业学习的概念界定还没有达成一致，但是上述 Minniti 和 Bygrave 两位学者基于经济学推导逻辑并借鉴经验学习理论的定义得到很多学者的认同。本节借鉴该定义将创业学习定义为基于先前经验来获取与转换信息并创造创业知识的过程。

（二）单环学习和双环学习

Argyris 和 Schön（1978）基于行动理论（Theories for Action）提出单环

学习和双环学习概念，他们认为行动理论包含两种不同的形式：信奉理论（Espoused Theory）和使用理论（Theory in Use）。行动理论是在特定情境 S 中达到特定结果 C 所采取的行动策略 A，包含了行动策略、支配行动策略选择的价值观及行动策略所基于的假定。行动理论中包含一个重要的潜在假定，即行动策略 A 会在情境 S 中产生结果 C。信奉理论是个体解释特定行为模式或为特定行为模式辩护的理论，而使用理论是行为模式执行过程中隐含的行动理论，一般来说使用理论很难被觉知和察觉。行动学习理论强调关注个体行为的同时善于利用自己的头脑与思维。

Argyris 和 Schön（1978）认为单环学习是特定的工具性学习，可以改变行动策略或潜在的假定，但是不改变行动理论的价值观。如图 3-1 所示，个体首先依据先前制定的目标或界定的问题，寻求并确定解决对策和行动方案，如果行动结果与预期目标不一致，证明出现错误或失败，则个体开始检讨并修正自己的行动策略以达成目标或解决问题。双环学习是使用的行动策略和假定都发生改变的学习，包括观察到的行动效果与策略、策略所服务的价值观两个反馈循环。当个体发现错误或失败时，会反思行为背后的想法，反思和质疑自身看待问题的心智模式和价值观等。Argyris 和 Schön（1978）定义单环学习和双环学习概念时，采取恒温调节器来进行类比，单环学习类似于恒温调节器为使温度保持在设定的范围内，根据温度

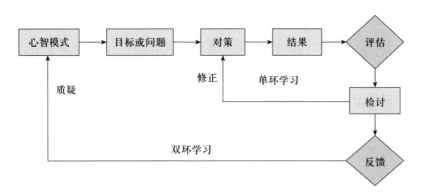

图 3-1　单环学习和双环学习

变化采取供热或冷却的系统行为；双环学习过程则类似于设定的变化会促使系统把温度保持在新的设定范围内。

单环学习是一种解决问题的逻辑，包含 PDCA（Plan → Do → Check → Action）思维逻辑的循环，根据目标制订计划，开始执行并跟踪监督行为方式，发现偏离就修正行为。在组织中，单环学习监测行为结果是否偏离组织目标或组织规范，将行为策略、行为结果限定在组织规范内以保证组织的绩效，致力于解决当前问题，最重要的目标是提高行动效率（见表3-1）。双环学习则是不同层次的问题解决逻辑，关系到重新定义目标或者界定问题，如重新评估组织战略目标、价值观和基本假设，对已有的行动策略、规范、目标、价值观、心智模式等提出质疑并做出相应的调整，这样有利于提出创新性的问题解决办法，其核心目标是提升行动效果。

表 3-1　单环学习和双环学习的比较

对比点	单环学习	双环学习
类属	低水平（范式内）学习	高水平（突破范式）学习
基础逻辑	解决问题	重新界定问题和目标
行动关键点	提高行动效率	提升行动效果
学习过程	解决已被识别的问题	反思、寻求占优策略
改变点	行为策略的工具性改进	价值观、心智模式改变
失败情境下的特征	改变现状，调整行为策略	对造成现状原因的反思

资料来源：根据相关资料整理。

创业者遭遇失败后，会重新评估当前的形势，重新思考行动策略与基本假设，这种学习比程序化、累积式的学习更具有价值，有学者提出基于失败情境下的创业学习方式应该是高水平学习。Cope（2010）借鉴组织学习、成人学习理论中的研究成果，提出失败情境下创业者会采取如双环学习等在内的高水平学习方式。失败带给创业者一系列的成本，给创业者的思维、认知、情感甚至生活都带来重大的冲击和影响（Cardon and McGrath,

1999；Shepherd，2003；Haynie et al.，2009），失败能够激发创业者改变心智模式（Cope，2005；Politis and Gabrielsson，2009），动摇其所坚持的某些核心价值观和基本假设（Sitkin，1992）。现实创业实践中，创业者经历商业失败后都认为自己能够从失败中吸取教训，从失败中获益。成功的创业者大多经历失败，经历失败的创业者不一定走向成功的深层次原因在于创业者经历失败后采取不同的创业学习方式，导致学习效果显著不同进而影响创业知识变化，影响后续创业行为与绩效。

鉴于此，本节认为创业者经历失败后可能都会学习，但并不是所有的创业者都有能力且有足够精力和认知资源采用高水平学习方式。低水平学习是更多地重复过去的行为，通常是短期的、表面化的、暂时性的，与先前形成的学习方式相关，表现形式如单环学习、适应性学习、工具性学习等；高水平学习是挑战和重新定义个体心智模式、参考框架和行动逻辑的学习，制定与新行动有关的复杂规则，表现形式如双环学习、创造性学习、变革性学习等。创业学习效果的差异来自创业学习方式的选择。借鉴 Cope（2010）的研究成果，我们提出创业者经历失败后选择的创业学习方式不仅包括双环学习也包括单环学习（Argyris and Schön，1978）。按照 Argyris 和 Schön（1978）的研究，单环学习是个体一旦发现失败会直接纠正或调适行为策略，以使其原有价值观和规范继续维持在设定的范围。双环学习是把行动效果、行动策略与其背后的价值观联系起来的两个循环。一般来说，单环学习是特定的工具性学习，与惯例和即时任务相关，通常仅纠正或调适个体现有的策略和假设，影响策略的行动理论没有发生改变；双环学习是质疑指导行动的基础价值观，行动理论发生改变，制定全新的假设和行动策略，其涉及价值观和行动框架的改变，因此往往需要反思性探寻。

具体到失败情境下的创业学习，单环学习是创业者失败后在现有的价值系统及行动框架内纠正或调适行为策略以改变现状，不改变行动理论的价值观。双环学习是创业者失败后更新认识或者重新定义企业目标和发展战略，用批判性眼光审视其行动战略背后的基本逻辑，挑战既有的心智模式和行动逻辑，强调对造成现状的原因进行反思。

三、反事实思维

（一）反事实思维概念及类型划分

反事实思维是心理上对过去已经发生的事情进行否定，进而构建一种可能性假设的思维活动（Tversky and Kahneman，1982）。Baron（2000）最早将反事实思维引入创业领域研究中，他认为反事实思维是基于某一特定情境下对某一假设结果的想象，是一种设想个体如果采取不同的行为或者事件发生的环境发生变化，结果会有怎样不同的反思过程。Gaglio（2004）在研究反事实思维对创业机会识别的作用时，将反事实思维视为一种与事实相反的假想，并进行原因—结果分析的逻辑推断，这有助于明确和强化条件改变将导致结果改变的认知过程。Arora 等（2013）在 Baron（2000）定义的基础上，进一步将反事实思维界定为一种个体解构过去以理解现在，并为未来行为和事件做准备的认知机制。反事实思维不仅强调个体回顾过去来"发现问题"，也强调当下的"问题探究"，更注重未来的"问题解决"。反事实思维通过回顾过去以理解现在，通过否定和想象展望未来，将过去、现在和未来连在一起。

根据心理学和创业领域各位知名学者对反事实思维的界定，本节认为反事实思维是对过去已经发生的特定事件进行想象，设想个体采取不同的行为或环境发生变化，结果会有怎样不同的反思过程，为未来行为和事件做准备的认知机制。

根据反事实思维结论性质的不同，并借鉴 Markman 等（1993）和 Roese（1994）的研究成果，可以将反事实思维分为两种不同的类型，即上行反事实思维和下行反事实思维。上行反事实思维是对于已经发生的事件，假设其满足某种条件，就可能出现比事实更好的结果。例如，"一想到之前我要是不那样做的话，事情结局可能会更好，我就非常难受"。下行反事实思维是假设一种可能比事实更坏、更糟的结果或情境。例如，"一想到事情结局有可能更糟，我就感到庆幸和知足"。

（二）反事实思维与创业学习概念辨析

首先，从概念界定和操作化测量上来看，反事实思维强调创业者失败后对失败事件的想象、假设、因果推论等思维层面的活动；创业学习基于对失败事件信息的获取与转换活动，更多地强调失败后创业者采取的构建失败的意义、分析失败的原因、改变现状的行为策略，从行为层面上关注创业者已经采取的行为方式。

其次，从结果层面来看，反事实思维关注的是已经发生的事件，是一种事后导向的思维方式，其注意力焦点为与失败相关的信息；创业学习更多的是以未来为导向，以增加知识、强化能力或改善绩效为目的，关注的焦点在于如何将信息加工处理后转化为知识或行为。从逻辑上看，反事实思维可能与创业学习相关，但并不是所有类型的反事实思维都能导致创业学习。从这个意义上说，反事实思维是创业学习的前置影响因素，并不是一种学习方式。

最后，两者之间的差异是"想"与"做"的区别。反事实思维尤其是上行反事实思维基于对已经发生事件的否定提出如何能产生更好结果的系列假设；创业学习关注如何改进行动方案和行为策略。创业本身就是一个不断进行假设验证的过程。失败后创业者进行各种不同类型的反事实思维，其实就是提出各种假设的过程，创业学习则是检验反事实思维提出的各种假设。反事实思维在失败学习过程中扮演着重要的角色，有助于摆脱认知框架束缚，放飞人类想象力的翅膀，激发创造性的想象力（Morris and Moore，2000）。

四、创业失败及其成本

（一）创业失败概念界定

创业失败研究的难点在于创业失败难以界定且不易被识别。早期创业失败研究关注的是宏观层面上失败率的高低，基于研究构念的可操作性及与组织失败研究的一致性，往往从法律和财务角度将创业失败等同于企业的破产、关闭或者清算（Zacharakis et al.，1999）。随着研究的深入，这种界定方式受到很多学者的质疑：需要区分创业者由于退休、找到更好的机会而自愿关闭企业与资不抵债导致的被迫关闭企业；企业关闭并不是失败的信号，仅仅证明这在经济上不可行（Gimeno et al.，1997）。随着有关创业失败的研究更多地关注创业者个体层面的因素，对创业失败的界定也发生了变化，概念界定中凸显创业者的主动性。McGrath（1999）将创业失败定义为创业者未达成其目标而对新创企业的终止。也有学者认为创业失败并不一定是要求企业被迫终止或企业业务的中断，而是企业在创立或管理过程中与创业者预期目标和结果发生了偏离（Sitkin，1992；Cannon and Edmondson，2005）。

基于创业失败定义的差异性，有学者提出应根据研究问题选择不同的定义，如果以经济成本视角研究创业失败，则可采用企业破产、倒闭来定义创业失败；以社会成本视角研究创业失败，则可根据破产定义及他人评价来定义创业失败；以心理成本视角来研究创业失败，则根据创业者内心的感受来定义创业失败，即创业者认为企业绩效低于临界值从而导致企业所有权的不连续（Ucbasaran et al.，2013）。虽然学者们对于创业失败的界定尚存在一定的分歧，但是大多数学者认同 McGrath 在 1999 年提出的创业失败的定义，基于此并结合本书的研究目的，本书对创业失败的定义：创业者未达成其目标而对新创企业的终止或退出新创企业的经营活动。

（二）创业失败成本的结构及其内涵

创业失败带给创业者一系列的成本，Haynie 等（2009）将创业失败成本分为两类：经济成本（Financial Costs）和情绪成本（Emotional Costs），前者主要包括由于创业失败带给创业者的财富损失，后者主要指创业失败带给创业者的负向情绪，尤其是悲痛情绪，创业失败的情绪成本受经济成本的影响，创业失败的总成本可能是经济成本和情绪成本的相加或相乘。

也有学者更详细地刻画了创业失败带给创业者的成本类型，如 Cope

（2010）通过对拥有创业失败经历的创业者进行访谈发现，创业失败的成本包括六种类型：经济成本、情绪成本、生理成本、社会成本、专家成本和创业成本（见表3-2）。其中，经济成本和情绪成本与Haynie等的研究定义相似，生理成本主要是创业失败对创业者身体健康方面的影响，社会成本是创业失败对利益相关者的影响。与其他研究不同的是Cope还提出专家成本和创业成本，前者是失败后相关专家对创业者能力的怀疑，后者是由于创业失败导致创业者自我效能与风险承担倾向的下降。

表3-2　创业失败成本分类

成本类型	描述
经济成本	个人投资损失、收入损失、个人债务
情绪成本	情绪支出、心理压力、沮丧、悲痛、焦虑、绝望
生理成本	精力透支、生病、作息紊乱、失眠
社会成本	对投资者、雇员、债权人等的责任亏欠
专家成本	专家同行对其专业能力的质疑
创业成本	创业自我效能降低、风险承担倾向降低

资料来源：根据相关资料整理。

Ucbasaran等（2013）通过分析41篇有关创业失败带给创业者影响的文献发现，创业失败成本可以概括为三类：经济成本、社会成本和心理成本。其中，经济成本包括创业失败带给创业者的个人收入减少、个人债务、失业等经济损失；社会成本包括创业失败损害社会网络关系、给创业者带来污名并影响其未来发展；心理成本包括创业失败带给创业者的悲痛、羞辱、生气、愤怒、内疚的负向情绪及由此产生的无助感、自我效能感降低等。由于Ucbasaran等（2013）的研究基于文献梳理，涵盖了先前创业失败成本研究的主要内容，因此结合本书的研究目的，采取Ucbasaran等的研究分类，认为创业失败成本包括经济成本、社会成本和心理成本。

第二节 理论推导与模型构建

在第一节界定关键概念的基础上，本节围绕研究问题进行理论逻辑推导，构建理论模型。基于第二章的文献梳理和述评，本节详细分析失败后创业者反事实思维对创业学习方式选择的影响，讨论不同的学习方式影响哪些创业知识发生变化。首先，验证创业学习对创业知识的贡献性，说明创业失败后创业者采取的学习方式直接影响创业知识的变化。其次，探讨创业学习方式差异性的原因，分析失败后创业者采取什么样的思维方式更有助于创业学习。基于社会认知理论和经验学习理论提出反事实思维、创业学习与创业知识的因果关系，构建失败情境下反事实思维对创业学习、创业学习对创业知识的作用路径及边界条件，为创业者经历失败后的反事实思维方向选择、创业学习方式匹配及创业知识提升路径提供一个整合的理论框架。

一、失败情境下创业学习与创业知识的关系

创业者将经验转换为创业知识有两条路径：一是重复先前的成功行为模式并积累相关知识，增加该类知识的信心值；二是基于失败进行调整并采取不同的行为方式，修正已有的知识（Minniti and Bygrave，2001）。很多研究都发现先前的成功与失败带来不一样的知识积累。先前的成功经验会让创业者维持原样，按照老方法管理，而失败刺激创业者探寻原因寻求改变进而获取不同的知识（Madsen and Desai，2010）。对于创业知识获取路径而言，创业者因为成功而自认为已经具备了理解创业活动必需的知识储备，往往只进行局部信息搜寻，而很少对先前的假设、认知图式进行审视，只在原有的信息知识库中强化对原有知识的信心值。这种知识获取路径更多地倾向于利用式（March，1991），强调对已有知识的改进、提升和深化。创业者因为失败诱发其在不同范围、采用不同方式探索与搜寻信息，重新

审视已有的基本假设、认知图式、思维习惯等心智模式，能够发现先前认知和知识中的偏见，修正完善甚至是颠覆先前的认知模式，这样的知识获取路径更多地倾向于探索式（March，1991），强调试验、适应性和发现新知识。基于此，将学习聚焦于创业失败情境中，研究失败情境下创业者如何通过不同的学习方式获取不同的创业知识。

经验学习理论认为学习的过程是获取、转换信息并创造知识，因信息获取与转换方式的不同，将会获取不一样的知识（Kolb，1984）。经验学习理论强调个体学习方式的重要性，强调使用个体在完成任务中的不同表现来解释学习效果的差异性。Kolb 的经验学习理论根据信息获取和转换方式的不同提出四种学习方式，不同的学习方式会获取不一样的知识类型，他认为不同的个体有其擅长的学习方式，学习方式也会随着任务和情境而发生变化。Politis（2005）借鉴 March（1991）将组织学习分为探索式学习和开发式学习的研究成果，发现以探索式为主的学习方式有助于增加机会识别知识，以开发式为主的学习方式有助于增加管理新生劣势的知识。Corbett（2005）基于 Kolb（1984）根据经验学习理论将学习方式分为四种（聚焦学习、吸收学习、分散学习和适应学习）与 Lumpkin 和 Lichtenstein（2005）将机会识别和开发过程分为四个阶段（准备、孵化、评估和实施）的研究成果，认为不同的创业阶段应采取不同的学习方式，这样更有助于获取不同的创业知识。对比 Politis 和 Corbett 两位学者的研究成果，前者是借鉴组织学习的研究成果，后者借鉴经验学习理论中的学习方式，但都说明了两个重要的问题：一是不同的学习方式导致获取创业知识的效果和效率不同，或者说在获取不同创业知识时采用不同的学习方式，其优势是不同的；二是有关创业学习方式的研究是借鉴已有成熟的学习理论来分析创业情境中的具体问题，目前研究还停留在现象解释和理论构建阶段，后续研究应该采用大样本数据资料来检验相关假设，以便构建更完整的理论体系。目前失败情境下创业研究已经开始重视学习的价值，开始挖掘失败情境下创业学习的过程机制，但是并没有详细分析不同学习方式对学习效果的影响。

成功与失败的经验对于创业知识的累积路径并不相同，失败的经验激发创业者反思与学习，更有助于创业者形成新颖的、变化的、适应性强的创业知识。根据经验学习理论，创业者学习方式的不同导致获取不同的创业知识。那么在失败情境下，创业者如何学习以便获取更多的创业知识，从而在随后的创业活动中更好地识别机会、提升新企业的存活率？基于此，本节认为创业者经历失败后，其采取的创业学习方式不同导致创业学习效果存在很大的差异，进一步说明学习方式的不同直接影响获取创业知识的类型和数量。失败情境下创业者采取创业学习方式对创业知识获取具有正向影响，也就是说使用不同的创业学习方式有助于获取不同类型和数量的创业知识。

二、失败情境下反事实思维与创业学习的关系

反事实思维影响个体行为主要有两条路径：一是基于内容特定（Content-Special）的行为改变，二是内容中立（Content-Neutral）的行为改变（Epstude and Roese，2008）。其中，前者是从反事实推断到行为意图再到行为的影响路径，反事实思维的内容与特定信息和情境有关；后者主要指激活一般的信息处理方式，反事实思维的内容与产生的情境无关，主要通过改变思维定式、动机和自我推断影响行为改变。创业者经历失败后，通过内容特定的反事实思维影响路径改变行为，基于创业失败事件相关的信息和内容对其进行意义构建和分析，这与失败后创业者的信息获取有关。同时，创业者的反事实思维通过与内容无关的影响路径改变行为，通过对思维定式、动机和自我推断等内容的反思和思考，对造成现状的原因进行"反思"，重新思考基本假设是否正确，改变自身对失败原因的认知、与创业有关的认知模式和行动逻辑，这更多地强调对信息的转换。根据以上分析可见，失败后创业者通过反事实思维影响后续信息的获取和转换，对失败事件进行心理模拟和思维推演以更好地预测、推理和因果推断。创业者通过反事实思维对失败事件反思，进而影响失败后的学习。

更具体地来说，反事实思维通过影响个体关注的焦点或注意力分配进而影响学习，个体关注已经发生事件的不同因素会导致不同的效果，如事件发生的环境和条件、事件本身及自身采取的行动。上行反事实思维更多地关注一个人可以改变和控制的因素，焦点在于如何改变和控制这些条件和因素进而达到改善结果的目的，在吸取教训、改善行为、重构未来认知框架中思考。通过这种如何使结果变得更好的上行反事实思维，很容易构建出如何改变能使未来更好的行动方案（Morris and Moore，2000）。

下行反事实思维并不一定直接导致未来行为的改善，往往识别出未来行为中不能采取的行动以避免糟糕的结果，上行反事实思维更多的是改变导向，以获取收益为目标，下行反事实思维更多以规避为导向，以避免损失为目标。从下行反事实思维到学习可能存在多个认知过程和步骤，包括多步因果推断后才能引发学习。创业失败往往因多种要素引起，各要素具有复杂性、易变性的特点，甚至可能出现因果倒置，过多采取下行反事实思维，虽然有助于缓解负面情绪，但也不利于失败后对后续信息的广泛获取和深度加工，也不利于失败后的学习。

三、失败成本与归因、行业转变的调节作用

社会认知理论认为个体的学习行为由环境因素、个体对环境的认知和个人行为交互作用形成的，这三个变量相互影响、相互制约（Bandura，1978），并且影响个体对现实世界的解释（Fiske and Taylor，1991）。本节基于社会认知理论并结合创业失败的独特情境将创业失败成本和失败归因作为反事实思维与创业学习关系的调节变量，将失败后创业者是否转换行业类型作为创业学习与创业知识关系的调节变量。

创业失败成本是衡量失败严重程度的一个重要指标，创业失败成本包括经济损失、社会关系损耗及创业失败带来的负向情绪。创业失败成本高低是影响创业者后续反思、学习和行为的重要关键因素。创业失败成本与反事实思维方式的匹配关系很大程度上决定了后续创业学习的深度。那么，

在不同的创业失败成本条件下，创业者采取不同方式的反事实思维很大程度上影响了创业学习的深度。也就是说，创业失败成本调节反事实思维与创业学习之间的关系。

　　归因是个体对自己和他人行为做出解释和推测的过程。归因导致创业者对失败的关注焦点不同，也就是说对失败的注意力分配不同会影响后续的反思、学习和行为。相对于失败后的外部归因，当创业者进行内部归因时，相信失败的原因是可控且相对稳定的，可以通过自身努力而改变，那么创业者会更加积极地修正行为以改变现状。同时，采用内部归因的创业者更可能通过心理模拟清晰地了解各种复杂因素及自身行为与各种可能结果之间的关系，把一些有可能改变现状的举措与各种可能的结果联系起来，形成一些有效的因果推断，进而有助于创业学习。也就是说失败归因调节反事实思维与创业学习的关系。

　　接下来分析行业类型转换对创业学习与创业知识的调节作用。每一个行业都有自己独特的内在属性，如产品／服务价格、价值创造模式、成本结构等方面的独特信息，再如行业规则、行业惯例和行业规范及行业中的主导逻辑和商业模式。一般来说，创业者加入某一个行业，具有特定行业的相关经验或知识能够帮助其获得"局外人"难以知晓的隐性知识和信息，帮助创业者获取更准确的识别机会和管理新企业的信息，降低创立新企业的无知性（Dimov，2010），提高其行业的合法性（Hellmann and Puri，2002），降低新企业的死亡率。除此之外，还有研究发现相比于没有特定行业经验的创业者，具有特定行业经验的创业者创办新企业的创新性和潜在价值更高（Davidsson and Honig，2003）。失败后如果创业者转换其行业类型，其原有的行业知识和行业信息价值会大大降低，这就直接降低了失败后创业者对先前失败经历的反思和学习，也不利于其后续创业知识的增加。如果创业者失败后没有改变行业类型，随着创业者深化该行业的专有知识，其能够在该行业内更好地获取资源，并在管理新企业等方面拥有更清晰的认识（Kotha and George，2012）。基于以上分析，本节认为失败后创业者的行业转变在创业学习和创业知识之间存在调节作用。

四、理论模型构建

依据前面的理论推导，本书构建失败情境下创业学习机制的理论模型（见图3-2）。本书以拥有失败经历的创业者为研究对象，在失败研究中引入创业者的反事实思维，研究其对创业学习方式选择的影响，深入探讨反事实思维、创业学习方式、创业知识的作用路径和边界条件，构建"反事实思维—创业学习—创业知识"的理论模型来解释失败情境下创业学习的过程机制。

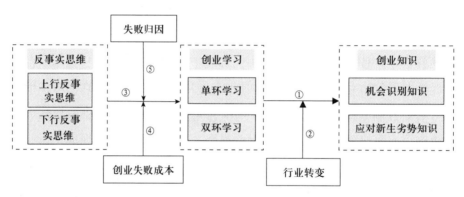

图 3-2 失败情境下创业学习机制的理论模型

首先，本书讨论失败情境下创业者采取的创业学习方式如何影响创业知识的获取，分析不同创业学习方式对创业知识获取类型和数量的影响，并考察行业类型的改变对两者关系的调节作用。其次，分析创业者失败后采取创业学习方式差异性的原因，以反事实思维为切入点分析什么样的思维有助于诱发高水平的学习方式，提高失败后创业学习的效果。最后，考察创业失败成本和失败归因的调节作用。创业失败成本是一个重要的情境变量，失败归因也影响创业者对失败的认知和反思。选择这两个重要的主客观变量分析反事实思维对创业学习的影响，以期最大程度上还原失败后创业者学习的过程。

依据经验学习理论，学习就是将经验转换为知识，学习的结果变量是知识。具体到创业失败情境中，因变量为创业知识，它主要包括机会识别知识和应对新生劣势知识（Politis，2005）。首先，理论模型的最右侧的逻辑链条①旨在回答"创业者经历失败后会采取怎样的学习方式""不同的学习方式对后续创业知识具有怎样的影响""失败情境下，创业者选择什么样的创业学习方式更有助于获取创业知识"。其次，考察创业学习与创业知识关系在不同条件下的作用机制差异，重点分析行业类型转变对两者关系的调节效应，即链条②。沿着理论模型前移到第③个逻辑链条，这是本书研究的核心部分，即探讨失败情境下创业学习方式差异性的原因及其作用机理，旨在回答"创业者经历失败后为什么会采用不同的学习方式"。最后，在这一主效应中进一步考察两个调节效应，即链条④和链条⑤，主要分析反事实思维对创业学习方式选择影响的边界条件，旨在回答"对于不同的创业失败成本和在不同的失败归因条件下，创业者反事实思维对创业学习影响的差异性"。

第三节　研究假设推导

本节在对关键概念界定和结构维度分析的基础上，依据理论逻辑推导构建研究模型，本节细致推导不同变量之间的逻辑关系并提出相关假设，深入剖析失败情境下创业学习的过程机理。

一、创业学习对创业知识的主效应分析

将学习置于创业情境中，学者们主要关注创业者学习如何识别和利用创业机会（Corbett，2005；Shane and Venkataraman，2000）、如何在创建新企业的过程中克服一系列的障碍（Aldrich，1999；Shepherd et al.，2000）。以经验学习理论为基础的创业学习研究认为创业学习的结果变量是创业知识，并根据创业情境的独特性将创业知识划分为机会识别知识和应对新生

劣势知识（Polotis，2005；Minniti and Bygrave，2001；Corbett，2005；Holcomb et al.，2009）。创业学习效果的差异来自对创业学习方式的选择，不同的学习方式会获取不同的创业知识。经验学习理论依据信息获取和转化方式的不同将学习方式划分为四种类型（Kolb，1984），部分学者借鉴该思路更多地关注创业者信息获取和转化方式的不同对创业知识的影响。沿着该思路将经验学习理论具体到失败情境下的创业学习，学者认为创业者获取信息的方式为感悟（Apprehension），即通过有形的、即时的经验，直接感知具体的失败事件，其信息转换方式为反思或主动实践。不论关注创业者内部的反思，还是创业者主动实践都会导致获取不一样的创业知识。

单环学习是特定性的工具性学习，与惯例和即时任务相关，通过对造成现状问题的修正、调适和解决来维持原有的心智模式和行为理论。单环学习发生在现有的价值系统及行动框架之内，并没有改变行为背后的心智模式，通过纠正或调适个体现有的策略和假设以改变失败现状。从信息获取方式来看，失败揭示了先前信息收集和行为方式的无效，失败后创业者如果采取单环学习，则会在原有的价值系统和行为框架内收集和关注那些带来不良绩效、导致失败的有关信息。通过对失败信息的收集和分析修正原有认知模式中的"目的—手段"关系（Shane and Venkataraman，2000），以及对各种信息间关系的重新联结、更改、组合，使创业者对机会进行更好的判断，能够更好地准确评估机会质量，更有效地识别出有价值的机会。基于此，提出以下假设：

假设1-1　创业失败后创业者采用单环学习与获取机会识别知识正相关。

从信息转换方式来看，失败后创业者如果采取单环学习，那么信息转化方式则为主动实践或者是通过不断试错来调整行为模式。创业失败后，创业者根据实际目标与预期目标的偏离发现已有行为框架内相关"行为—结果"因果推断的错误，通过修正已有的行为方式改变现状以达到目标，如果修正后的行为策略有效，则建立一种新的"手段—结果"知识，修改已有的知识结构中的偏误。也就是说创业者根据期望结果或者预期目标与实际结果的差异修正已有行为，与先前目标惯例和即时任务紧密相关，纠正或调适现有的行为方式，聚焦于优化当前的行为方式和行为策略。这种特定的工具性学习能够改善行为结果，建立比较清晰的"手段—结果"框架认知，在将来的创业活动中可以快速选择有效的行为方式，确定解决问题的有效行为方案。通过这种"干中学"式的单环学习处理和转换失败信息，可以积累更多的实践智慧（Reuber et al.，1990）。这种清晰明确的知识能够有助于创业者更有效地运营和管理新企业，通过行为方式修正避免类似情形的失败再次发生。基于此，提出以下假设：

假设1-2　创业失败后创业者采用单环学习与获取应对新生劣势知识正相关。

综上所述，从单环学习中信息获取和转换方式来看，创业失败后创业者在已有价值系统内收集与失败相关的信息，并通过主动实践来修正导致与预期结果偏离的行为方式，验证新的"行为—结果"逻辑关系，不断检验行为框架中相关的"手段—目的—结果"因果推断知识，丰富创业者有关如何快速准确识别具有价值的机会和如何有效配置创业资源的知识，提升创业行动效率，使创业者更好地管理新企业，降低新企业的死亡率。基于此，提出以下假设：

假设1　创业失败后创业者采用单环学习与获取创业知识正相关。

双环学习不仅包括对先前行为的修正，还包含对行为背后思维模式和行动理论的反思、质疑甚至是改变，建立全新的假设和行动策略。在组织学习理论中，将双环学习看作是单环学习的学习（Argyris and Schön，1978）。从信息获取方式来看，创业失败后，创业者采取双环学习，更多以领悟（Comprehension）方式获取信息，通过对导致失败的信息进行全面仔细的分析以更好地理解失败原因，这样的方式也有助于对失败信息进行更准确更有价值的意义构建（Kolb，1984）。双环学习通过对一些概念化信息进行整合，使创业者对创业失败的理解更透彻，也使创业者更倾向于关注有助于未来成长方面的信息，让创业者在貌似无关的变化和事件中看到彼此之间的联系，找到被他人忽视的且能产生极大经济价值的机会（Baron and Ensley，2006）。总之，双环学习帮助创业者结合已有的知识更好地获取和理解新的信息和经验，增加了机会识别数量（Corbett，2007），这样的学习方式有助于增加机会识别知识。基于此，提出以下假设：

假设 2-1　创业失败后创业者采用双环学习与获取机会识别知识正相关。

创业失败能够使创业者进行反思，帮助创业者形成更加成熟的、完善的、有助于创业成功的心智模式。从信息转换方式来看，失败后创业者采取双环学习，信息转化方式更多地通过内在反思来获取创业知识。双环学习有助于更新认识或者重新定义企业目标和发展战略，重新思考自身在创业过程中的角色定位和价值，用批判性眼光、探寻性思考审视其行动战略背后的基本逻辑，挑战先前已有的看待问题的心智模式（Cope，2010）。这种批判性反思、行动框架和心智模式的转变，促使创业者变得更开放、更包容、更自主和更灵活，更适应未来的创业环境和创业活动，学会成为一名专家型的创业者。另外，创业者采用双环学习能够帮助其更加了解自己行为背后的"使用理论"，对根深蒂固的观念、规范、思维逻辑等提出质疑和挑战，有利于创业者提出与以往不同的问题解决办法，进一步追问行为的前提和行为假设是否恰当，通过克服"防卫性推理"（Defensive Reason）和"习惯性防卫"（Habitual Defence）造成的认知障碍（Argyris and Schön，1978），谋求从行为的前提假设上取得根本性改善。创业者通过对已有行为前提的不断思考，其对创业中资源管理等知识有更加深入的理解和体会，能够在具有不确定性和压力的情况下进行更有效率的决策。而且，双环学习下创业者能够灵活地将这种知识导入新的情境中，再创业时能够更好地管理和配置内外部资源以提升新企业存活率。基于此，提出以下假设：

假设 2-2　创业失败后创业者采用双环学习与获取应对新生劣势知识正相关。

综上所述，创业失败后创业者采取双环学习，有助于其形成更有前瞻性、更成熟的心智模式，使创业者视野更开阔、思路更灵活，能够启发创业者去新的地方获取信息，或采取新的方式收集信息，深化了信息获取的深度和广度。这种信息量的增加能够帮助创业者更好更快地识别机会。同时，这种心智模式也会帮助创业者更灵活地将新知识导入新情境，提升新企业管理和运营效果，帮助新企业更快成长。基于此，提出以下假设：

假设2　创业失败后创业者采用双环学习与获取创业知识正相关。

反思是个体对某一问题的内容或叙述、解决问题的策略、习惯予以检验和批判的过程（Mezirow，1990）。反思是一个重要的吸收、内化和转化知识的过程，反思程度不同导致获取的创业知识也不一样。通过对经验学习理论的回顾我们发现，反思在经验学习中具有重要的作用，反思深度和强度决定学习水平的高低，经验本身的真正价值在于对经验反思后的智力发展，有效的学习来自积极有效的反思。从反思深度和强度视角来看，双环学习比单环学习对失败的反思更为深化也更为强烈，因为双环学习对创业者已有的思维习惯、心智模式、行为逻辑等基本价值观均进行了批判性反思，这种自我调整甚至自我否定，有助于发展新的认知，有助于创业者获取更多有价值的创业知识。

学习是一个不断深化的过程。只有对知识形成深层次的理解，才能灵活地解决各种问题。Spiro（1995）等提出的认知灵活性理论（Cognitive Flexibility Theory）重点解释如何通过多维理解的深化促进知识的灵活迁移应用。从该理论出发，相比于单环学习，双环学习能够使创业者更好地提升其认知灵活性和适应性。创业者在失败情境下通过单环学习获取"行为—结果"因果推断的知识，其往往依托于某些特定的情境。但创业具有高度不确定性和复杂性，如果创业者没有通过"反思性转移"（Reflective Transfer）对比失败情境与新情境的相似之处与不同之处（Argyris and Schön，1996），没有通过双环学习质疑和批判行为背后的基本假设、行动逻辑和价值观，盲目地、不恰当地将其认为学习到的"新知识"延伸和导入新情境或后续创业过程中，有可能导致再次创业失败。此外，单环学习专注于工具性的变化和修正已有的行为，致力于解决当前创业者面临的困境，是对已有知识的延伸或改进，具有路径依赖性。双环学习通过质疑已有的价值观和心智模式，通过更多反思、探寻、试验等活动拓展甚至颠覆已有的认知和知识，创业者的知识体系和框架发生了很大的变化，这有利于创业者提升获取知识的深度和广度，能够帮助创业者更加清晰地认知和反思自身在创业过程中的角色和价值。基于此，提出以下假设：

假设 3 相对于单环学习，双环学习与创业知识正向关系更强。

假设 3-1 相对于单环学习，双环学习与机会识别知识正向关系更强。

假设 3-2 相对于单环学习，双环学习与应对新生劣势知识正向关系更强。

二、行业转换的调节作用

特定的行业经验对于创业者积累创业知识具有重要的作用（Shane，1996；Shepherd et al.，2000）。行业经验为创业者在某个行业内创业提供隐性知识和信息、角色熟悉度（Role Familiarity）和社会网络关系等，进而帮助新企业快速成长（龙丹等，2013）。行业经验为创业者提供行业相关的隐性信息和知识，如行业内各种产品 / 服务的优势和劣势、现有产品未能满足顾客需要的地方（Johnson，1986）、行业未来的发展趋势、市场竞合的潜规则、行业运营规范等。同时，行业经验包含角色熟悉度，有利于创业者迅速进入某一行业并调整他们的经验管理行为，使其行为规范符合行业规范，迅速做出准确判断并积极行动，开发转瞬即逝的创业机会。创业者基于先前行业经验构建的包含关键客户、主要供应商和分销商、优秀员工、投资者和其他利益相关者的社会网络关系，能够帮助创业者整合资源，克服新生劣势，快速把握和挖掘机会价值。

创业者的很多创业知识具有情境依赖性和嵌入性，如专属于某一特定行业类型的创业知识具有高度专业化、异质性，其可迁移性较差，这些知识多数属于默会知识（Nelson and Winter，1982），其知识的衔接和转化具有一定的限制，甚至有一些知识被嵌入复杂的社会关系（Sanchez and Mahoney，1996），限定于某一特定行业或技术领域。创业失败后创业者转换行业在某种程度上意味着创业者放弃先前创业过程中累积的相关行业经验。如果失败后创业者转变行业类型，那么创业者基于先前创业过程中积累的与行业相关的知识尤其是隐性信息、角色的熟悉度和社会网络关系，对创业者再次创业的价值和作用效果将会降低，那么创业者从失败中学习的积极性也会降低，因此不利于积累相关的创业知识。反之，失败后创业者没有转换行业，则没有降低先前行业经验的价值和作用。一旦失败后创业者发现已有行为方式的失效，他们会积极修正行为或探寻行为背后的原因，反思先前行为的假设和逻辑，不断构建新的有关机会识别的"目的—手段"关系及更好管理企业的"行为—结果"逻辑。也就是说，无论是单环学习还是双环学习都会促进创业者获取创业知识。

此外，由于创业者往往对自己的创业能力和创业想法过度自信（Bernardo and Welch，2001），当失败发生后其更倾向于将失败归因于外部不可控的因素，较少归因于内部因素，如自身能力不足或决策失误等。这种归因偏差往往导致创业者失败后更有可能转换行业，而这种改变的代价极高，放弃原有行业的知识累积不利于其在原有行业的深度学习（Eggers and Song，2015）。从这个角度来说，当创业者失败后由于外部归因而转换行业，如他们将失败归因为外部激烈的行业竞争、行业内顾客需求的改变、商业习俗的变化或者外部环境的不确定性等，则不利于创业者从自身行为方式和心智模式等方面进行修正和反思，进而不利于获取创业知识。基于此，提出以下假设：

假设4　行业转变对创业学习与创业知识关系产生调节作用，相对于行业转变，没有转变行业的创业学习和创业知识关系更强。

假设4-1　创业失败后相对于行业转变，没有转变行业的单环学习与机会识别知识关系更强。

假设4-2　创业失败后相对于行业转变，没有转变行业的单环学习与应对新生劣势知识关系更强。

假设4-3 创业失败后相对于行业转变，没有转变行业的双环学习与机会识别知识关系更强。

假设4-4 创业失败后相对于行业转变，没有转变行业的双环学习与应对新生劣势知识关系更强。

三、反事实思维对创业学习的主效应分析

Epstude 和 Roese（2008）提出反事实思维主要通过内容特定（Content-Special）与内容中立（Content-Neutral）两条路径影响后续行为。创业者经历失败后，采用内容特定的反事实思维影响路径，基于创业失败事件相关的信息和内容对其进行意义构建和分析，在原有的规范和价值观下纠正和调适现有的行为策略以指导创业行为的改变，其并没有改变影响和塑造策略的行动理论（Argyris and Schön，1978），这种信息收集和转换方式更容易导致单环学习。与此同时，失败后创业者通过内容中立的反事实思维影响路径改变行为，通过对已有价值观和行为框架中的思维定式和动机，以及原有的"行为—结果"因果推断等的反思和思考，改变自身对失败原因的认知、与创业有关的认知模式和行动逻辑，这种信息收集和转换方式更容易诱发双环学习。综上可见，失败后创业者的反事实思维既有可能诱发单环学习，也有可能导致双环学习。已有研究表明不同方式的反事实思维导致后续行为路径和行为方式存在较大差异，下面将具体分析不同方向的反事实思维如何影响失败后的单环学习和双环学习。

当个体的新认知与旧认知不一致的时候，个体会产生不适感和紧张感，会倾向于通过自我调适来获得心理平衡（Festinger and Carlsmith，1959）。当创业失败发生时，说明创业的实际结果与创业者预期不符，按照认知失调理论创业者可以采取两种方案调适来获取心理平衡，一是改造失败结果使之符合预期，二是调整预期使自己满意。从反事实思维的角度来看，前者强调通过上行反事实思维对比可能的"行为—结果"方案，并为未来做

准备；后者则强调通过下行反事实思维进行情绪和认知调整。上行反事实思维通过对失败事件设想满足什么条件或者如何修正行为以实现比目前情况（已经发生的事实）更好的结果，也就是通过对已经发生的事件进行事后判断和决策的心理模拟，这有助于推理、预测，能够明确目的、改善行为，使后续"行为—结果"关系更清晰，对未来各种可能性的构建做准备（Roese，1994）。相比较下行反事实思维，上行反事实思维比下行反事实思维具有更强的准备功能（Morris and Moore，2000）。它能帮助创业者把一些有可能改变现状的举措与各种可能结果联系起来，这种思维有助于通过行为和结果的关联反思检视这种行为是否恰当。从这种意义上来说，上行反事实思维是反思自己先前错误并做出积极调整的思维机制和心理基础。因此，失败后创业者的上行反事实思维更可能引发其采用单环学习。

上行反事实思维通过将各种"行为—结果"的比较分析，强化对失败原因的理解，有助于增强创业者对失败事件的认知和控制感，因此有助于创业者打破思维定式、修正逻辑错误、减少确认偏误（Galinsky and Moskowitz，2000）。因此，失败后创业者的上行反事实思维更有助于改变心智模式、基本假设和思维定式，对于后期的决策的适应性发展、局限突破、观念更新等方面具有促进作用，也就是说失败后创业者的上行反事实思维也有可能引发双环学习。基于此，提出以下假设：

假设 5-1 创业失败后创业者的上行反事实思维与单环学习正相关。

假设 5-2 创业失败后创业者的上行反事实思维与双环学习正相关。

反事实思维的情绪功能是通过提供不同于事实的其他可能性而改变创业者的情绪体验，它能使个体感觉变得更好或者更糟，其作用机制以社会比较效应为基础。对于同样的事件结果，个体采用不同的反事实思维方式能够引发不同的情绪体验。一般来说，下行反事实思维因为假设一种比事实结果可能更坏、更糟的结果或情境，能使创业者意识到避免了可能更坏的结果，所以能够诱发积极的正向情绪。心理学中的向下社会比较理论（Downward Social Comparison Theory）就认为当遭遇重大失败、挫折等消极事件时，个体倾向于采取下行比较维持其自尊心、幸福感和身体健康（Gibbons et al.，2002）。创业失败后创业者更容易进行向下比较，利用下行反事实思维减少悲痛、羞辱、沮丧、生气、焦虑、绝望、愤怒、内疚等负向情绪，产生更多正向情绪以维护其自尊心、自信心和自我效能感等。但是，下行反事实思维产生的庆幸等正向情绪阻碍了创业者深度分析和反思创业失败，创业者为了维护其向下比较的基础，往往会强化特定的因果推断，对自己的结论过度自信（Koriat et al.，1980），甚至产生后视偏见（Roese and Olson，1997），容易强化其思维定式、固化因果逻辑，不利于失败后创业者对自己的心智模式、认知框架、基本假设等进行质疑和批判性反思，因而不利于深层次的双环学习。同时创业者在处理与失败相关的问题时，如对失败事件进行反事实思维时，容易产生防卫性推理（Defensive Reason）。也就是说当创业者处理令人尴尬或者威胁其自尊、自我效能感的问题时，会形成一种根深蒂固的习惯性思维，推理和行动也会遵从一些特定的使用理论，避免自尊心受到威胁。这种防卫性推理制约了创业者开展双环学习。基于此，提出以下假设：

假设5-3 创业失败后创业者的下行反事实思维与双环学习负相关。

四、创业失败成本和失败归因的调节作用

（一）创业失败成本对上行反事实思维与创业学习关系的调节作用

创业失败成本是衡量创业失败严重程度的一个重要指标。创业失败成本通过影响创业者后续的信息解读、加工、处理和存储等认知过程进而影响学习效果（Shepherd，2003；Shepherd et al.，2009；Cope，2010）。创业失败成本也会影响后续学习方式的选择。当经济成本较低时，创业者倾向积极修正已有的有关新企业创建、管理和控制的行为，采取内部学习方式；同时也会促使创业者重新审视外部关系和商业机会，采用外部学习方式（于晓宇等，2013）。也就是说创业失败成本较低、经济损失较少，失败损害创业者的人际关系和未来职业发展则较小，尤其是心理成本较低，如创

业者后悔、内疚、自责、焦虑、悲痛等负向情绪较低，这个时候创业者有更多的认知资源去分析和处理失败，采用上行反事实思维比较分析哪些方式有效或无效，将不同方案与可能的结果进行对比分析，进而采取心理模拟推测，对过去已经发生的事件进行反复假设和推演，强化因果逻辑，使创业者对自己的认知模式、基本假设和心智模式有更清楚的认识，有助于后续创业过程中积极修正行为方式、改变自己的认知，通过单环学习和双环学习提升自己。

随着创业失败成本的增加，创业实际结果与创业者预期目标偏离增大，这种较大程度的认知失调刺激和激励创业者反思、学习和解决问题，促进创业者积极地通过反复的上行反事实思维对失败事件进行分析，对创业活动难度和失败原因有更加客观的评估、判断，对事件结果的预期更加基于客观事实依据，不断修正行为改变认知模式，以达到自己的创业目标。也有学者将失败比作"清除信号"（Sitkin，1992），也就是说一定程度的失败成本能够刺激创业者通过上行反事实思维完成一系列"行为—结果"的逻辑推理和检验，帮助创业者清理无效的行为模式、错误的假设和直观的推断，形成新的思考模式和新的认知。

创业失败成本具有"双元"特性，一定程度的失败成本能够刺激创业者积极地从失败中学习，然而过高的失败成本又抑制上行反事实思维对创业学习的作用。这是因为，当创业失败成本很高时，如经济损失严重、创业者周围的社会关系破裂以及由此带来一系列的焦虑、悲痛、愤怒、内疚等负向情绪，这些会干扰创业者对失败信息加工、处理和存储等认知过程（Shepherd，2003；Anca，2007；Cope，2010）。这时候创业者已经没有更多的认知资源和情绪资本去获取和处理与失败相关的信息，创业者需要调整策略，如采用下行反事实思维缓解悲痛情绪。也就是说创业失败成本抑制创业者通过上行反事实思维对各种不同"行为—结果"方案的比较分析，制约创业者提供出可供选择的替代方案，不利于其修正行为、改变认知，从失败中获益。当创业失败成本很高的时候，创业者的上行反事实思维对创业学习的作用力度降低。综上所述，随着创业失败成本的增加，上行反事实思维与创业学习的正向关系呈现先增强后减弱的趋势。基于此，提出以下假设：

假设 6　随着创业失败成本的增加，上行反事实思维与单环学习的正向关系呈现先增强后减弱的趋势，即创业失败成本在上行反事实思维与单环学习关系中起非线性调节作用。

假设 6-1　经济成本在上行反事实思维与单环学习关系中起非线性调节作用。

假设 6-2　社会成本在上行反事实思维与单环学习关系中起非线性调节作用。

假设 6-3　心理成本在上行反事实思维与单环学习关系中起非线性调节作用。

假设 7　随着创业失败成本的增加，上行反事实思维与双环学习的正向关系呈现先增强后减弱的趋势，即创业失败成本在上行反事实思维与双环学习关系中起非线性调节作用。

假设 7-1　经济成本在上行反事实思维与双环学习关系中起非线性调节作用。

假设 7-2　社会成本在上行反事实思维与双环学习关系中起非线性调节作用。

假设 7-3　心理成本在上行反事实思维与双环学习关系中起非线性调节作用。

（二）创业失败成本对下行反事实思维与创业学习关系的调节作用

负向情绪干扰创业者从失败经历中学习的注意力分配和信息处理过程，减少个体理性行动、影响情感承诺（Shepherd et al.，2014）。但是一定程度的负向情绪也有积极作用，如 Shepherd 等（2014）使用案例发现当创业项目中团队成员出现了负向情绪时，负向情绪并没有阻碍其从项目失败中学习，反而激励他们更加努力，积极反思、联系和修正失败的经验和教训。

创业者如何将失败后的情绪调整到更适合学习的状态呢?

　　失败后的下行反事实思维通过调节创业者失败后的负向情绪,进而影响后续学习。具体来说,当创业失败成本较低时,即经济损失较少,失败损害创业者的人际关系和未来职业发展较小,这时创业者采用下行反事实思维就更加降低了失败带来的消极情绪,即创业失败很难刺激创业者采取双环学习,也就是说低成本时,下行反事实思维更不利于双环学习。

　　当创业失败带来的经济成本较高时,创业者往往会深刻反省创业动机和目标,积极领悟创业失败原因(于晓宇等,2013),这种自我学习过程通过不断反思自我信念和行为前提,重新思考创业者角色定位和自我价值来质疑或改变心智模式。随着创业失败成本的增加,尤其是负向情绪的增加,创业者通过下行反事实思维降低负向情绪,使创业者能够处理失败信息和自我反思。也就是说失败成本的增加,在一定程度上弱化了下行反事实思维对双环学习的负向影响。

　　创业失败带来的高成本能够刺激和激发创业者采取双环学习,但是由于创业失败成本的"双元性",过高的成本尤其是心理成本损耗了创业者的认知资源,阻碍创业者对信息的收集、加工和处理,不利于学习(Shepherd,2003)。但创业失败成本超过一定程度,即使创业者采取下行反事实思维也很难缓解其负面情绪,过高的负向情绪不利于失败后的反弹与学习(Wolfe and Shepherd,2015)。负面情绪干扰个体在信息处理过程中对注意力的分配(Mogg et al.,1990),让创业者注意力仅聚焦于失败那一时刻,而忽略了失败前的反馈信息,这不利于失败后信息收集、反馈、处理和创业知识获取(Shepherd,2003)。当创业者处于负向情绪状态时更多地从损失角度对失败进行意义构建,没有对失败本身和失败信息进行意义建构,所以就不会使创业者关注失败事件本身和进行自我反省(Byrne and Shepherd,2015)。也就是说创业失败成本超过一定程度后,下行反事实思维已经很难缓解其负面情绪、创业者一直处于较高强度负向情绪状态时,其认知资源如信息的收集、处理和转换都更多关注失败带来的损失,缩小信息收集范围和信息处理转换深度，更加不利于双环学习。因此，当创业失败成本增加超过一定临界值后，其逐渐恶化下行反事实思维与双环学习的负向关系。综上所述，随着创业失败成本增加，下行反事实思维与双环学习的负向关系呈现先减弱后增强的趋势。基于此，提出以下假设：

假设 8　随着创业失败成本的增加，下行反事实思维与双环学习的负向关系呈现先减弱后增强的趋势，即创业失败成本在下行反事实思维与双环学习关系中起非线性调节作用。

假设 8-1　经济成本在下行反事实思维与双环学习关系中起非线性调节作用。

假设 8-2　社会成本在下行反事实思维与双环学习关系中起非线性调节作用。

假设 8-3　心理成本在下行反事实思维与双环学习关系中起非线性调节作用。

（三）失败归因对反事实思维与创业学习关系的调节作用

归因是对事件和行为原因的认知，是一种主观解读，虽然个体归因得出的原因不一定是真实原因，但主观解读往往比真实、客观的原因更能影响个体行为。失败后创业者的归因会影响其对后续创业学习方式的选择，归因方式的不同意味着创业者对失败后关注焦点的不同，进而影响其注意力的分配和反思内容的不同，如失败后有的创业者会反思内部"人"的因素，而有的创业者可能会反思外部"环境"的因素。已有学者研究失败后不同的归因方式对后续学习动机、学习方式和学习效果的影响，创业失败后归因为内部原因如不够努力和能力欠缺等会使创业者积极从失败中学习（Jenkins，2012），所以将失败归因为如能力和努力等内部因素有助于双环学习，而归因为任务难度大等外部因素有助于单环学习，归因为运气等外部因素则不利于失败学习（于晓宇等，2013）。

失败归因影响创业者反事实思维与创业学习的关系。相对于外部归因，内部归因更加稳定和可控。从归因的稳定程度上来看，失败后内部归因的创业者会认为失败的原因在一段时间内相对稳定，如个人行为方式、能力和努力等，那么他们失败后通过上行反事实思维对比各种方案与可能的结果，在对过去已经发生的事件进行反思、假设和推演时，强化对事件因果关系分析，有助于后续创业过程中积极修正行为方式、改变认知，通过学习提升自己。从失败归因的可控性上来看，归因的可控性越强，则创业者对行为结果的改变就越有信心（Russell，1982）。失败后内部归因的创业者，通过上行反事实思维对各种"行为—结果"关系链条和自己认知模式中的偏见进行比较分析，修正已有的行为方式，相信自己能在随后的创业活动中做得更好，所以会更加积极地通过单环学习和双环学习改变失败现状。基于此，提出以下假设：

假设 9　内部归因正向调节上行反事实思维与创业学习的关系。

假设 9-1　内部归因正向调节上行反事实思维与单环学习的关系。

假设 9-2　内部归因正向调节上行反事实思维与双环学习的关系。

从归因的稳定性程度来看，失败后进行外部归因时，创业者认为先前失败的原因是不确定的或者不稳定的，事件失败的原因或事物发展规律不被清晰认知或掌握（Weiner，1979）。当创业者进行外部归因时，将失败归结为不确定或不稳定的外部环境时而不是个人自身的问题，这为创业者向下比较提供了依据和基础，进一步恶化下行反事实思维与双环学习的关系，即外归因时，采用下行反事实思维产生的庆幸等情绪更不利于刺激创业者失败后的反思，也不利于冲击其改变认知框架、认知路径和基本假设等深层次的价值观和心智模式。

从失败归因的可控性上来看，创业者进行外部归因时，往往认为失败的原因难以控制且随机变化，并不能为自身所改变，这样归因偏差或者归因自我服务倾向有利于保护创业者的自尊心，但恶化下行反事实思维对双环学习的负向作用。外归因时，创业者采用下行反事实思维，不会将失败等同于自我能力贬低、消极的自我形象，产生的庆幸情绪也不会挑战和质疑一些根深蒂固的观念和思维模式，降低了创业者改变自身行为和认知的积极性，抑制了失败后的双环学习。同时，将失败归因为外部不可控的因素，容易导致强化特定的因果推断，形成后视偏见，增加了防卫性推理的使用。因此，当外归因时，采取下行反事实思维强化了对双环学习的负向作用，不利于失败后创业者对自己的心智模式、认知框架、基本假设等进行质疑和批判性反思，不利于深层次的双环学习。基于此，提出以下假设：

假设 10　外部归因负向调节下行反事实思维与双环学习的关系，也就是说外部归因恶化下行反事实思维与双环学习的负向关系。

第四章　研究设计与方法

上一章对反事实思维、创业学习和创业知识的关系进行了详细分析，本章在理论推导和关键概念界定的基础上进行研究设计。科学的研究离不开规范的、严谨的研究设计和研究流程。下面根据研究模型进行实证研究设计，主要包括研究过程与方法的选择、问卷设计与实施、探测性调研、数据抽样与收集及分析方法等内容，以此来保证研究的科学性、严谨性和规范性。

第一节　科学研究过程与方法

一、科学研究过程

科学研究过程是对自然或社会现象做出系统性、可控制性、批判性的实证调查，可以始于理论，也可以终于理论（徐淑英和欧怡，2012）。科学研究最重要的目的就是构建理论、检验理论和发展理论，以便更好地理解并解释我们周围的事物。这里所说的理论更多的是中层理论：在逻辑上相互联系并能获得实证检验的若干命题组合（Merton，1968）。《论语》《道德经》等传统思想在西方语系中被称为宏大理论，资本主义萌芽后，西方也有不少这样的理论，以韦伯、哈耶克、布劳等学者为代表，这些是西方现代管理理论的起源。宏大理论就像一种范式，代表那些广泛意义上共享的信念和看法，这些信念涉及世界的起源、本质及运作的基本法则，这些范式提供一种理论透镜去界定和检验世界（陈绍全和张志学，2012）。"二战"后美国学术力量的突起和优势来源于其依托宏大理论的某些信念、判断和观点，擅长开发中层理论，立足从微观现象揭示逻辑和机理。制度理论、社会网络理论、生态系统理论等诞生于 20 世纪 50~70 年代的美国，并且活跃至今的理论均是中层理论，他们依托于宏观理论思想中的某些判断或观点，又从微观现象去揭示逻辑与机理，比宏大理论更具体、更聚焦、更富有逻辑性、更强调解释力，往往成为当今学术研究者的理论工具。

中层理论开发目的是通过抽象化的学术概念揭示所观察的特定情境现象背后的模式，对现象做出解释或预测（陈绍全和张志学，2012）。中层理论是一个有关概念和相关概念之间因果联系的论据，用来解释为什么某些后果会在特定条件下产生，中层理论建立以后可以被验证，因此是宏大理论和实证研究的桥梁。

求知的科学途径既包括逻辑，也包括数据或实证观察，逻辑与证据两者相辅相成，缺一不可（Popper，1968）。科学研究过程包括很多环节，概括起来主要包括两个循环（见图 4-1）。一是图 4-1 右半部分从理论开始，通过收集观察资料来证实或拒绝假设，这种方法被称为演绎法；二是图 4-1 左半部分，从观察开始通过形成概念、命题或者命题组合用于解答疑难，形成新的理论洞见，这种方法被称为归纳法。演绎法的研究过程首先将理论通过逻辑演绎转化为假设；其次通过研究假设指导研究设计，包括确定数据和观察资料的类型、资料收集工具、度量工具和抽样样本来源等；最后通过数据分析或观察资料来证实或拒绝假设，以便发展理论。归纳法适用于不能找到一种理论来解释疑难或者研究问题，因此研究者从观察开始，通过测量、样本归纳、参数估计来收集分析观察到的资料，将其通过实证概括转化为概念、命题或命题组合以便构建理论，对困惑或疑难提供可能的解释或回答。

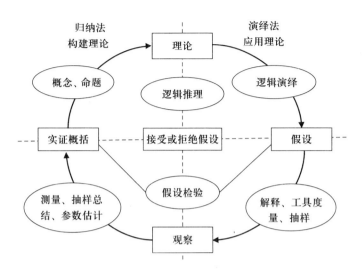

图 4-1 科学研究过程

资料来源：Wallace W L. The Logic of Science in Sociology［M］. Wales：Aldine Transaction，1971.

具体来说，科学研究过程一般分为四个步骤（见图 4-2）：第一步是由于对某一现象或困惑产生好奇而提出研究问题；第二步是根据研究问题进行广泛的文献回顾，借此寻找研究问题是否得到解答，同时寻找帮助解决困惑的相关理论；第三步是找到理论并形成假设，理论包括构念、解释逻辑，解释这些构念及之间的相关性，假设是对研究问题的暂时回答；第

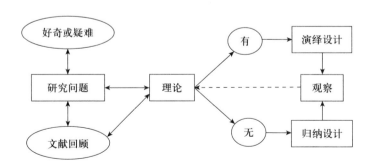

图 4-2 科学研究过程的实践指南

资料来源：陈晓萍，徐淑英，樊景立.组织与管理研究的实证方法［M］.北京：北京大学出版社，2012.

四步是实证研究，包括研究设计、数据收集和数据分析，研究设计会根据研究方法而有所不同。其实，上述四个步骤并不是遵循单一的方向，可能存在一些回馈循环，如图 4-2 中的双向箭头，可以根据某一现象提出研究问题，然后通过文献回顾根据已有研究的不足修正或提炼研究问题，再根据修正后的研究问题重新回顾文献和相关理论，这其中可能会有多个来回循环。

提出问题是科学研究的第一步，提出一个好的研究问题对研究过程和研究结果甚至对整个科学研究过程都至关重要。一个好的研究问题应该具备以下特征：重要性、新颖性与趣味性、与现有理论和实践的相关性。一般来说主要有四种方法可以发现好的研究问题：现象驱动、方法驱动、灵感驱动、文献驱动（陈晓萍等，2012）。从管理实践中挖掘管理理论首先要通过现象找出科学问题，其次通过规范严谨的研究设计解决问题。科学准确地从管理实践中提炼管理理论是一项艰巨的任务，因为从复杂的现象和相互影响的要素中识别出关键要素很困难，而且同样的现象从不同角度分析会得出不同的结论，理论的提炼和总结需要识别出共性的、普适性的规律和逻辑关系。

二、科学研究方法

本书遵循科学的研究设计和路径，主要采用演绎法用以发展理论。基于现实现象提出疑问：为什么成功的创业者大多经历创业失败，但经历失败的创业者并不一定走向成功？立足于创业者微观层面通过学习机制解读这一现象背后的原因机制，主要考察为什么有的创业者失败后通过学习获得了创业知识，进而成功地再次创业。

本书通过文献回顾找到研究问题的理论依据，在对已有失败情境下创业学习的研究内容分析的基础上，发现已有研究对于失败情境下创业者学习方式的研究存在不足，并不能很好地解答现实中的困惑。根据现实现象与已有研究文献的分析，本书试图回答如下科学问题：失败情境下，创业者选择什么样的创业学习方式更有助于获取创业知识？创业者经历失败后为什么会采用不同的学习方式？

在研究问题和文献回顾后就要选择合适的研究方法进行下面的实证研究设计。选择何种研究方法，并不完全取决于各种研究方法的优劣，而是需要考虑研究方法与研究目的之间的匹配程度。在创业研究探索阶段，遵循归纳逻辑的探索性研究设计更适合认识和解读创业现象的本质及关键要素。随着对创业现象的认知丰富，创业研究的深入，演绎逻辑驱动下的结论性研究，即检验假设或者考察变量之间相互关系的研究方法，更有助于认识创业现象中关键要素之间的作用机制和逻辑关系（Bygrave，1989）。基于此，通过现象与文献的反复对比提炼出研究问题后，本书主要采用演绎逻辑设计，采用大样本问卷调查法，通过实地调研获取的问卷数据进行假设检验，以便发展理论。整个研究过程一直秉承批判性，对理论的效度、问卷数据的质量、数据分析的结果及其解释的可信度保持一定的质疑态度，并不盲信数据结果。

诚然，每一种方法都有其优点和缺点。问卷调查这种回顾式调查可能存在着由于被调查者记忆模糊或者选择性记忆引起的后视偏见问题。为了尽量降低回顾式调查的缺点，本书追求问卷设计过程的科学性和规范性，同时选择近 3 年内拥有创业失败经历的创业者作为研究对象，以缩短调查时间与创业失败事实发生之间的时间差距，减少因记忆模糊引起的后视偏见。下面，本章将从研究变量的选取与开发、问卷设计和探测性调研、样本选择依据、数据采集过程等环节分析整个实证研究过程。

第二节　研究变量选取及测量

本节主要根据研究模型中涉及的构念属性与特征，选择合适的工具对其进行测量。量表的选择与开发是科学研究过程的重要步骤，也是保证研究结论科学性、准确性和有效性的基础。测量主要根据对理论构念的理解和界定，把抽象的概念具体化和可操作化，找到适合的测量指标对构念所包含的维度进行描述、区分和预测。一般来说，学者们会采用一系列量表对构念进行测量。而在中国管理研究中量表开发面临两个困境：一是根据中国情境开发新量表还是直接翻译国外的成熟量表；二是构念和量表是否需要考虑情境因素。本节借鉴 Farh 等（2006）研究中国管理量表开发取向的成果，根据研究目的和研究对象的特征，主要采用修改取向量表开发流程，即在翻译国外量表的过程中，修改其中不适合中国情境或者不适合创业者的部分，并不仅是直接翻译国外量表。在明晰概念的内涵和外延的基础上，对量表进行部分修改使其更适合创业失败情境进而开发出高质量的测量量表。

一、创业知识

创业知识是关于发现、整理、加工信息以识别有价值的机会及配置资源以提升新企业存活率的抽象知识，主要包括机会识别知识和应对新生劣势知识。识别和开发机会是一名成功创业者必备的重要能力之一，有关创业的研究也围绕机会识别和开发过程展开（Shane and Venkataraman，2000）。机会识别知识能够帮助创业者更好的识别、评估机会内容和结构并确定机会价值。对于机会识别知识测量主要采用 Tang 等（2010）的测量量表，Morris 和 Moore（2000）也曾经使用该量表，其具有很好的信度和效度。对该量表采用背对背双向匿名翻译（具体量表翻译流程在下一节详述），主要包括 5 个问项，采用李克特 5 级量表进行测度，1 表示非常不符合，5 表示非常符合，主要问项为"能够察觉哪些是潜在机会""多个机会中我能够选出好机会"等。同时，为了保证测量的准确性，本章还对机会识别知识采用客观测量进行印证，主要借鉴 Politis 和 Gabrielsson（2005）的客观测量方式，增加一个问项，即"创业者从最近一次创业失败到现在识别和开发机会的数量"。

新企业面临着极高的死亡率，克服新生劣势和传统障碍，降低创建新企业的不确定性，对创业者和新企业成长来说极为重要。应对新生劣势知识包括一系列内容如寻找创立企业所需的财务资本、适应变化、建立社会关系网络和商业关系网络等，使创业者能够更好地管理新企业。对新生劣势知识测量主要采用 Politis 和 Gabrielsson（2005）的测量量表，该量表具有极好的情境适应性，国内学者陈文婷在其博士学位论文中曾经使用过该量表，实证结果显示该量表具有很好的信度和效度，其中 Cronbach's α 值为 0.899。该量表共有 5 个问项，采用李克特 5 级量表，主要问项包括"有新企业流畅运作方面的经验和知识""了解获取融资的相关知识"等。

二、创业学习

创业学习定义为从各种积累的经验中进行学习，来提升自己知识存量的过程。不同的学习方式导致学习内容和学习效果存在差异，进而导致创业知识累积的差异。本章借鉴 Cope（2010）、Argyris 和 Schön（1978）的研究成果，将失败情境下的创业学习方式区分为单环学习和双环学习。但失败情境下的创业学习方式并没有直接适用的测量量表，所以笔者主要借鉴组织学习中测量单环学习和双环学习的量表（Abraham and Jody，2009）及组织情境下的失败学习方式的测量（Wong and Cheung，2008）。根据上述两项研究成果中的测量量表，修改不适合创业者的部分，并根据对 6 位拥有创业失败经历创业者的访谈内容，开发失败情境下创业学习的测量量表。该量表主要包括 10 个问项，采用李克特 5 级量表，其中 5 个问项测量单环学习，如"主要收集和关注那些带来不良绩效的信息""根据先前制定的目标，修正已有行动方式和行动策略"。5 个问项测量双环学习，如"积极识别和分析失败问题的根源""收集和关注那些有助于未来成长的信息"等。

三、反事实思维

反事实思维定义为对过去已经发生的特定事件进行想象，设想个体采取不同的行为或环境发生变化，结果会有怎样不同的反思过程。根据反事实思维方向不同，反事实思维可分为上行反事实思维和下行反事实思维。本章在沿用创业领域内根据反事实思维研究自我报告的基础上，聚焦于创业失败这一具体事件，让创业者根据这一实际发生事件进行自我报告，并采用心理学成熟的量表，根据创业者回答细化出反事实思维的方向。反事实思维测量主要采用 Rye 等（2008）开发的量表，其中 4 个问项测量下行反事实思维，如"一想到事情结局有可能更糟，我感到宽慰"等；4 个问项测量上行反事实思维，如"我总是不停地想：失败的局面发生逆转该有多好"等。问卷该部分的指导语为：对于最近一次失败经历，下列想法出现的频率，1 表示"从不"，5 表示"非常频繁"。

四、创业失败成本与失败归因

创业失败成本可以概括为三类：经济成本、社会成本和心理成本。其中，经济成本包括失败带给创业者的个人收入减少、个人债务、失业等经济损失；社会成本包括失败损害创业者社会网络关系，给创业者带来污名并影响其未来发展；心理成本包括失败带给创业者悲痛、羞辱、生气、愤怒、内疚等负向情绪及产生的无助感、自我效能感降低等。对于创业失败经济成本的测量，主要是客观测量，主要包括询问失败导致损失的金额，失败导致损失占总资产的比例、失败导致背负的债务金额 3 个问项。心理成本和社会成本的测量主要采用 Ucbasaran 等（2013）和 Jenkins 等（2014）的测量量表，采用李克特 5 级量表，社会成本测量包括 4 个问项，主要问项如"失败影响了我和家人的和谐关系"等；心理成本测量主要包括 9 个问项，主要问项如"因为失败我很沮丧""我不相信企业已经关闭/出售了"等。

归因是对自己和他人行为原因、事件过程做出解释和推论的认知机制。创业者对失败的归因影响其认知、情绪和应对失败的行为（Douglas et al.，2008）。一般来说，人们倾向于两种归因：一是内部归因，是个体自身具有的导致其行为的品质和特征，如能力、性格、情绪、态度等；二是外部归因，个体自身以外的导致其行为的条件和影响，如外界压力、天气、情境等（Heider，1958）。创业者的失败归因影响后续从失败中学习。对失败归因测量主要采用 Yamakawa 等（2015）的测量方式，直接询问被访者创业失败最主要的三个原因。然后根据被访者的回答进行编码，将其分为内部归因和外部归因。之所以采用 Yamakawa 等（2015）研究中测量失败归因的方式，主要是因为他们的研究内容是关于创业者失败后的认知（主要是失败归因和创业动机）如何影响再创业企业成长的，与本书情境高度一致。根据 Yamakawa 等（2015）研究将如缺乏产品开发技能、市场营销技能欠缺、管理经验和管理能力不足、创业技能欠缺、缺乏远见和战略执行力、战略决策失误、商业模式或商业计划不合理等编码为内部归因；将诸如市场竞争激烈，顾客需求改变，商业习惯变化，外部环境不确定性，缺少人才、资金，法律政策变化和自然环境改变等编码为外部归因。本章借鉴 Yamakawa 等（2015）的研究成果，创造一个哑变量来测量内部归因，具体操作如下：如果三条创业失败原因中有一条为内部归因，则编码为 1，否则编码为 0。笔者和另一名博士生采取背对背的方式分别对数据编码，编码的 Cronbach's α 系数为 0.875，说明具有较好的信度。随后，我们对数据中编码不一致的地方进行讨论，确定最后的编码。

五、控制变量选择及测量

控制变量是除了自变量外能引起因变量变化的变量。控制变量并不是本书需要重点考察的变量，但是又对因变量产生一定的影响，因此只有对其进行控制，才能弄清自变量对因变量的真正影响。也就是说控制变量的选取与研究中选取的因变量有关。本书构建的是间接效应模型，有两个因变量：创业知识和创业学习。因此，需要借鉴前人的研究成果，将可能影响创业知识和创业学习的变量作为控制变量。借鉴先前的研究成果，本书将创业者的一些个人特征作为控制变量，如性别、年龄和教育水平（迟考勋，2018）、先前创业经验、工作经验、行业经验（Politis，2005；Politis and Gabrielsson，2005）、创业失败时间（Yamakawa et al.，2015）。其中，年龄分为20岁以下、20~25岁、26~30岁、31~35岁、36~40岁、41岁以上六个阶段；教育水平分为高中/中专及以下、大专、大学本科、硕士和博士；先前创业经验采用创业次数来测量；工作经验采用创业前工作年限来进行测量，行业经验为多选题，测量方式为从事过的行业类型，包括第一产业、第二产业、服务行业、新兴行业等；创业失败时间是最近一次失败的时间。上述变量都是采用直接询问的方式，让创业者自行填答。

第三节　问卷设计及探测性调研

一、问卷设计流程

根据研究模型中变量属性和特征，选择最优的、适合的测量方式来对各变量进行度量，而如何选择、翻译、修正、调适并最终确定测量问项与问卷设计流程紧密关联。遵循规范的、合理的问卷设计流程能够更大程度上保证研究的科学性和严谨性。本书遵循 Churchill（1979）开发量表的范式规范进行量表开发，他认为量表的开发一般来说应该至少包括三个步骤：一是根据文献内容确定研究构念的操作化内涵及测量问项；二是征求学术同行和企业界的专家意见；三是通过小范围的探测性调研对测量问项进行修正、调适和优化，确定最终的调查问卷。依据 Churchill（1979）的问卷开发流程，本书问卷设计流程大致经历四个阶段，每一阶段的工作内容和目的如下：

（1）依托文献研究构建概念模型。2014年1月至2016年2月，这一期间收集、阅读、整理关于创业失败、创业学习和组织中失败学习的大量文献，在对每一篇文章记录文献笔记的同时不断分类、汇总、串联并形成学术文章，如《认知视角下创业失败研究述评和未来展望》和《创业过程中高成本事件失败学习的内在机制研究》，两篇文章分别发表在《外国经济与管理》和《管理学报》上。在对相关研究脉络和研究进展梳理的基础上，尝试提出自己的研究问题和研究框架。后续通过多种渠道不断完善最初的研究问题、研究构想和研究框架：先后在团队例会上报告 4 次，广泛听取导师和团队各位老师的宝贵意见不断修正；当面请教美国密苏里大学哥伦比亚分校邹绍明教授和香港科技大学何今宇教授等创业领域外一些学术专家，请他们对研究问题、研究思路和研究设计进行指导。与此同时，将整理的文字材料以邮件方式请教国内外创业失败、创业学习领域的专家，如美国密苏里大学创新与创业系孙黎教授、中央财经大学林嵩教授等。在听取各位专家老师意见的基础上，不断修正完善研究设想和研究思路，设计概念性模式，并明确有待测量的理论模型和研究构念。

（2）选择量表测量并形成问卷初稿。2016 年 2~4 月，根据研究问题和研究目的选择合适的测量量表，保证收集信息满足研究需要。因为量表都是国外的量表，涉及翻译问题，具体操作流程如下：首先由笔者和两位拥有美国留学经历的管理学和心理学专业博士生三人组成小组一起背对背翻译每一部分的量表，然后三人对不一致的地方讨论修正后确定最初翻译的原稿；其次请一位拥有英国访学经历的英语系副教授对翻译原稿进行润色和措辞修改；最后请另外两位创业学博士生将翻译出来的中文进行回译，通过双向回译以确保一些措辞既符合汉语习惯又能尊重英文原意。在量表翻译完毕的基础上，又考虑问卷本身的设计，包括问卷的引导语、题项先后顺序，将最重要、最关键的研究内容放在前面部分。

问卷结构主要包括四部分内容，第一部分包括问卷引导语、问卷标题、调研的目的和内容，强调调研纯粹为学术研究并承诺对所有信息完全保密。第二部分为被访问者和失败企业的简单背景信息，以便筛选出合适的样本，如果被访者不符合我们的选样条件则直接跳转到最后一部分，即个人背景的详细情况，这些样本可以为后续研究做参照样本。第三部分为主体内容，包括创业失败成本、反事实思维、创业学习和创业知识的量表。第四部分为被访者的详细背景信息，包括创业者的人口特征变量、先前经验等，这些作为研究控制变量，还包括目前创业企业的绩效和从失败到现在识别和开发机会的数量，这些作为结果变量。除此之外，本书还在多处细节部分进行特殊处理以保证问卷质量，如采用反向题目的设置、增加创业失败原因和创业原因的开放式问答、设置某些题项为多项选择等。

（3）征求学术团队与创业者的意见。2016 年 4 月，将设计出来的问卷初稿先发电子邮件然后再约定时间当面征求各位创业领域的专家和博士生的意见，让其对问卷的整体设计、措辞、格式等方面提出意见，汇总意见后对问卷进行第一次修改。除此之外，还请教在研究方法尤其是问卷调查方面有丰富实践经历的专家指导，以确保问卷设计更为科学。在问卷初稿修改后，请求三位拥有失败经历的创业者试填问卷，以便了解填答时间及填答过程中是否存在疑问，根据他们的反馈意见对有歧义、含义较模糊的题项进行调整。

（4）预调研基础上确定最终问卷。2016 年 5~6 月，在正式调研之前进行预调研。笔者主要根据便利性取样和随机性抽样的原则，在安徽省蚌埠市 5 个园区，即安徽省电子商务创业园、安徽蚌山跨境电子商务产业园、上海理工大学国家大学科技园、蚌埠小微企业创业基地、大学科技园进行预调研。其中前面两个园区采用便利性取样原则，操作流程为：由朋友推荐预约到园区负责人，园区负责人根据登记在册的创业者情况推荐可能合适的样本，打电话预约创业者后笔者上门进行访问。后三个园区都是笔者入园后逐一寻找适合的创业者填答问卷。两种方式一共收集了 30 份问卷，根据预调研情况确定后续大规模收集问卷的样本取样原则，根据初步数据分析结果对问卷进行细节修改，同时将被访者聚焦为拥有在互联网行业失败经历的创业者。结合专家的反馈及初步的统计分析，对一些测量问项的语言和表达方式进行微调，形成最终的调查问卷。

二、探测性调研流程

在正式的调研之前进行探测性调研，帮助检验测量工具的效度，不断完善问卷，同时也提高对创业实践的认知与感受，更好地解读后续研究的结果。探测性调研主要目的有四个方面：一是通过案例访谈佐证研究问题的理解和解读。笔者通过对拥有失败经历的创业者进行深度访谈后获得丰富的第一手资料，深刻理解研究问题的实践价值和意义，为后续研究结果和结论的解读提供实践素材。二是笔者亲自获取数据，及时解答被访者在填答问卷中的一些疑问，根据被访者的疑问和问题修正个别语句的措辞和语法，可以更好地检测关键变量测量的效果。三是根据预调研的实践抽样结果，确定后续大规模样本抽样方法，同时总结能够获取被访者信任支持的方式方法，以便为后续研究奠定基础。四是根据预调研的数据结果初步判断问卷的信度和效度。

探测性调研主要包括两方面工作：深度访谈和小样本的问卷收集。笔者与 6 位拥有失败经历的创业者进行深度访谈，通过调研修改研究问题，为后续研究假设的推演与模型构建奠定基础。在访谈过程中，作者预先围绕研究问题设计半结构化的访谈提纲，提出 9 个引导性的问题，但并不完全限定这些问题。借鉴创业叙事法的相关研究，在整个访谈过程中由创业者主导，让创业者讲述失败的故事，然后对其文本内容进行分析。创业叙事法具有三个特征：聚焦于创业者个体经验的探究，强调事件、过程与情境的深度描述，追求分析性的理论构建（王辉，2015）。在每次访谈结束的24 小时之内，整理好谈话记录，并从中提炼关键问题。探测性调研中的深度访谈佐证最初的研究思路和研究模型，从实践层面反观创业研究中的理论问题，使研究问题具有更强的理论价值与实践价值，增强研究结论的普适性和相关性。

探测性调研的第二个工作就是通过小样本的问卷收集和分析，考察问卷信度和效度，同时为大规模收集数据确立抽样标准和抽样方案。笔者通过两周时间在安徽省蚌埠市 5 大创业园区，采用便利抽样的方式一共收集了 30 份问卷。问卷的数据分析结果能够较好地印证最初的研究设想，信度结果也可以接受。通过实地调研发现，收集的 30 份问卷中有一半以上的创业者拥有互联网行业相关的失败经历。精益创业思想是埃里克·莱斯根据互联网行业创新创业的经验总结，他提出在互联网行业中创业者要提高成功率，应该学会快速、低成本的失败。借鉴精益创业研究思想，考虑到互联网行业的高失败率，同时结合实地调研数据，本书将被访者聚焦为拥有互联网行业失败经历的创业者。将研究对象限定为一个小范围，一是能够细致刻画研究对象的行为和认知，二是有助于挖掘理论深度。结合专家反馈及小样本数据统计分析，对一些测量问项的语言和表达方式进行微调，形成最终的调查问卷。

三、探测性调研的数据检验

探测性调研的主要目的是对关键量表的效果进行评价，删除或修改某些问项，起到净化量表的作用。本部分主要对创业学习和反事实思维量表的信度和效度进行检验，由于该部分量表在创业情境下第一次采用，所以首先进行探测性因子分析，检验量表的结构效度；然后采用 Cronbach's α 系数进行信度检验。

如表 4–1 所示，对创业学习进行探索性因子分析，采用主成分分析法，运用最大方差旋转法，提取特征根大于 1 的因子，共得到 2 个因子。因子分析结果表明 KMO 检验值为 0.734，Bartlett 球形检验值为 168.403，显著性水平为 0.000，说明适宜进行因子分析。此外，各条目的因子载荷均在 0.500 以上，并且各问项基本落在最初设计的因子上，两个因子累计方差贡献率为 65.35%，根据因子 F1 的主要内容将其命名为双环学习，因子 F2 命名为单环学习。据以上分析说明该量表具有较好的建构效度。10 个问项的 Cronbach's α 系数为 0.876，说明量表具有很好的信度。

表 4-1　创业学习的探索性因子分析

测量条目	因子载荷 F1	因子载荷 F2
通过评估现状后采取合适的管理方法	0.840	—
主要收集和关注那些有助于未来成长的信息	0.822	—
会在已有的目标和行为框架下寻找合适的管理方法	0.814	—
不断地寻求新的有助于未来发展的行动策略	0.769	—
积极识别和分析失败问题的根源	0.758	—
根据客户需求变化（而不是先前目标）更新和修正行动策略	0.755	—
按照先前制定的目标，找到正确的做事方式	—	0.751
根据先前制定的目标，修正已有行动方式和行动策略	—	0.712
主要工作是如何按照先前制定的目标完成任务	—	0.686
主要收集和关注那些带来不良绩效的信息	—	0.676

资料来源：笔者整理（样本量=30）。

如表 4-2 所示，对反事实思维进行探索性因子分析，采用主成分分析法，运用最大方差旋转法，共得到 2 个因子，累计方差贡献率为 56.86%。因子分析结果表明 KMO 检验值为 0.517，Bartlett 球形检验值为 93.542，显著性水平为 0.000，说明比较适宜进行因子分析。此外，除了有一个条目的因子载荷值为 0.499，其余各条目的因子载荷值均在 0.500 以上，并且各问项都落在最初设计的因子上，根据因子 F1 的内容将其命名为下行反事实思维，因子 F2 命名为上行反事实思维。以上分析得到该量表具有较好的建构效度。8 个问项的 Cronbach's α 系数为 0.738，说明量表具有很好的信度。

表4-2 反事实思维的探索性因子分析

测量条目	因子载荷 F1	因子载荷 F2
一想到事情结局有可能更糟，我感到庆幸和知足	0.712	—
一想到事情结局有可能更糟，我感到宽慰	0.741	—
虽然失败已经发生，但显然局面原本有可能会更糟	0.755	—
我会想事情究竟会糟糕到什么程度	0.530	—
我总是不停地想：失败的局面发生逆转该有多好	—	0.933
失败并不是某个人的错，但我总会想怎样才能使局面有所改观	—	0.710
我想要是不失败该多好	—	0.695
一想到事件结局原本可能会更好，我就难受	—	0.499

资料来源：笔者整理（样本量=30）。

第四节 数据收集与分析方法

如何收集数据并采用科学分析方法对数据进行分析是实证研究的重要一环。限于研究者的时间、精力和资金等因素，实践操作中一般采用抽样研究，即从总体内选择部分研究对象为样本，而采样标准和采样质量影响研究结论的普适性。本节主要从样本与调查对象、抽样调研方案的选择、数据收集过程与数据分析方法四个方面论述数据收集和处理过程。

一、样本与调查对象

根据前文分析，本书将创业失败定义为创业者未达成其目标，终止新创企业或退出新创企业的经营活动。在调研问卷中清楚明确地告诉被访者本书研究对创业失败的定义，并帮助被访者理解该定义。问卷中列举了两个例子对创业失败进行了说明。创业目标既包括经济目标也包括非经济目标，第一个例子为"本来计划创业前三年赚 100 万元，但实际上只赚了 10 万元，没有完成预期目标，您退出了企业经营活动"；第二个例子为"企业资不抵债，被迫关闭或出售"。在明晰创业失败定义的基础上，本书的研究对象限定为 40 周岁及以下且拥有互联网行业创业失败经历的连续创业者，这些创业者距离最近一次失败经历的时间不超过 3 年。实践操作将最近一次创业失败的时间设置为 2013 年 6 月之后关闭或者出售企业，创业者的年龄不超过 40 周岁，即在 1976 年 6 月前出生 [1]。下面将详细解释为何限定创业失败时间和创业者年龄。

时间是治愈伤痛的良药，时间对创业失败学习也尤其重要。Shepherd 等学者的系列研究都在考察时间与悲痛情绪和失败学习之间的关系，已经通过大规模的问卷调查（257 份有效问卷）数据证实时间与失败学习内容呈显著正相关，并且悲痛的恢复方式调节时间与失败学习内容间的关系（Shepherd et al.，2009，2011，2014）。这些研究突出时间与失败后创业者行为方式的紧密关系，也强调了时间对失败学习的重要价值。失败后创业者的学习是一个动态的持续过程，在不同时间段学习内容也存在差异。学习既有可能发生在失败事件期间或随后一段时间内，也有可能超越这个阶段，有些时候也许是创业者无意识地不自觉地进行反思与学习。甚至有学者提出失败事件发生后许多年，创业者仍在对这段失败经历进行反思，并学到新的经验（Corbett，2005）。此外，Podsakoff 和 Organ（1986）认为自我报告法存在记忆偏差及信息失真等问题，这是所有回溯性研究的固有缺陷，很难克服。创业者的失败学习是一个连续的具有解释性的意义建构过程，而并不完全像描述或回忆失败的具体细节那样，受到很强的时间约束。因此，本书对失败后的反思和学习测量采用自我报告式的方式，在尽量避免回溯式研究偏差的同时，考虑时间对失败意义构建的差异性。如果距离失败的时

---

[1]　本调研时间为 2016 年 6 月。

间太长，创业者的记忆偏差较为明显，并且创业者对失败事件的学习内容可能发生较大变化；如果距离失败的时间太短，创业者很难从失败中恢复过来，也增加了寻找合适样本的难度。鉴于以上两个重要原因，本书限定距离失败的时间不超过 3 年。

创业者对于失败的某些记忆可能随时间推移慢慢淡化，但与此同时随着创业者年龄增长和阅历增加，对一些关键问题的认知也在不断深化，在随后的人生路上会不断重新审视和解读这段历史，并且逐步建构起新的经验和收获。创业者对失败经历的反思与学习可能终生都在进行，有学者将创业者失败后的道路比喻为包含艰辛和痛苦的"学习之旅"（Cardon and McGrath，1999），这段旅程除了痛苦外，也会有收获和成长。创业者年龄会影响失败后的学习和心态，基于此本书限定创业者的年龄为 40 周岁及以下。

将失败经历限定为互联网产业主要有以下三个方面的原因：一是"双创"背景下互联网创业的繁荣。从 2015 年 3 月政府工作报告中提出"互联网 +"行动计划，国务院随后部署实施"互联网 +"行动计划的目标任务，我国新一轮互联网创业浪潮正在形成，互联网产业已成为我国经济新的最大增长极（辜胜阻等，2016）。传统企业应对互联网冲击下的转型升级和国家层面的"互联网 +"行动，使互联网这一机会要素在创业实践和创业研究中显得尤为重要。二是互联网创业的独特性。与传统创业研究相比，互联网创业呈现出开放性、无边界性和强互动性等新特点（王重鸣和吴挺，2016）。埃里克·莱斯聚焦于研究互联网产业创业过程和创业经验，提炼出一套可学习、可复制的科学创业程序，并提出了精益创业思想。精益创业的思想绝不仅限于互联网行业，其可以推广复制到各行各业，精益创业的方法可以被运用到不确定情境下的各种管理活动中。其中，精益创业的一个核心思想就是创业者要想提高成功率，应该学会快速、低成本的失败。如何快速低成本的失败并从中获取教训、经验和知识，这也是本书关注和探讨的问题。三是互联网创业的高失败率。新创企业的高失败率在互联网行业表现得尤其突出。2015 年中国互联网创业的成功率只有 5% 左右，如典型的团购行业，相比 2011 年 8 月团购网站数量高达 5058 家，2014 年上半年团购网站数量已锐减至 176 家，团购的存活率仅为 3.5%[①]。截至 2016 年 4 月，P2P 平台死亡名单中涉及上千家的创业者跑路、失联或者被调查。2016 年 1 月 16 日，东方头条以"大败局！互联网公司死亡全名单"为标题，撰文分析医疗、美业、婚嫁、房产、家居、出行、汽车、旅游、教育、餐饮、社区、零售、金融、服务商等 16 个领域 O2O 行业的死亡企业名单，从名单企业成立时间来看，绝大多数企业存活时间为 3~5 年。综上所述，基于互联网创业繁荣、具有独特性及高失败率的特点，同时结合实地调研发现，在互联网产业创业失败后的创业者能够较为迅速地重新崛起，再次投入相关创业活动中。因此，本书将被访者聚焦为拥有互联网行业创业失败经历的创业者。

本书借鉴中国互联网网络信息中心对互联网产业的界定，并依据刘茂红（2011）博士学位论文中对互联网产业的定义，将互联网产业界定为：以互联网为基础，为用户（消费者、企业、组织）提供某项基于互联网服务的新兴产业群体。它包括互联网基础服务（如互联网接入、互联网通信等）、互联网信息服务（如门户网站、博客网站）、互联网休闲服务（如网络游戏、网络视频等）、电子商务（如网络购物、电子支付、网络银行等）和其他互联网服务（如网络社交、网络求职等）。它不包括互联网基础设施建设的相关产业，强调以互联网为基础的应用和服务。在实践操作中如淘宝店、微店、App 软件等都属于互联网行业，调研对象若是淘宝店主或者微商，要求是已经进行过工商注册，并且雇用了数名员工，完全实行企业化运作的店铺（如天猫店、旗舰店）。一般来说，兼职创业、"夫妻"店不在本次调查的样本范围内。

---

① 上半年团购网站大幅减少 [EB/OL]．中国经济网，http: //finance.ce.cn/rolling/201407/17/t20140717_3174709.shtml，2014–07–17.

二、抽样调研方案的选择

确定好调查对象后，就面临抽样问题，抽样的代表性、科学性影响数据质量，也会影响样本的有效回收。鉴于研究对象的独特性，同时考虑到全国范围内抽样所需的时间、人力和资金成本较多，本次调研主要在互联网创业数量较多的北京、深圳和上海 3 个城市进行随机抽样。2016年 6 月 16 日腾讯研究院发布的《中国"互联网 +"指数（2016）》报告显示，北京、深圳、上海等 10 个城市获评 2016 年中国"互联网 +"十大城市，为各地"互联网 +"的持续落地树立参照范本。该报告的主要数据来源为 2015 年腾讯、京东、滴滴出行、携程、美团、大众点评等各大平台及国家和地方统计局。"互联网 +"指数共由"互联网 + 基础""互联网 +产业""互联网 + 创新创业""互联网 + 智慧城市"四个分指数构成。分指数下设 14 个一级指标、135 个二级指标，内容涵盖社交、新闻、视频、云计算、三次产业的 19 个主要子行业、基于移动互联的创新创业、智慧城市等，直观反映 2015 年"互联网 +"战略在全国 351 个城市的落地情况。表 4-3 显示了全国 351 个城市中"互联网 +"指数排名前四强，从中可以看出北京、深圳、上海和广州、福州、长沙、佛山在各类指数中优势明显。

表 4-3　全国 351 个城市"互联网 +"指数排名前四强　　单位：%

类型 ＼ 排序	第一名		第二名		第三名		第四名	
	城市	占比	城市	占比	城市	占比	城市	占比
"互联网 +" 总指数	北京	10.191	深圳	6.809	广州	5.980	上海	5.280
"互联网 + 基础"分指数	北京	10.755	广州	9.434	上海	5.451	福州	2.761
"互联网 + 产业"分指数	北京	11.975	深圳	9.006	上海	6.513	广州	5.560

排序 类型	第一名		第二名		第三名		第四名	
	城市	占比	城市	占比	城市	占比	城市	占比
"互联网＋创新 创业"分指数	北京	17.148	深圳	12.084	上海	8.126	广州	6.296
"互联网＋智慧 城市"分指数	深圳	2.304	广州	2.169	长沙	1.400	佛山	1.348

注：虽然北京与上海在"互联网＋智慧城市"分指数中并未在前四名，但北京位于第5名（1.232）、上海位于第六名（1.129），其也代表北京与上海在"互联网＋智慧城市"中发展较好。

资料来源：《中国"互联网＋"指数（2016）》。

其中"互联网＋创新创业指数"集中反映过去一年围绕移动互联网平台的创新创业活动情况，既包括移动互联网行业内的创新创业活动，也包含连接移动互联网与传统行业的创新创业活动。该指数由 App 数量、有效创业项目数两个一级指标构成，有效创业项目是同时满足"有全职工作团队""有实际产品"这两个标准，直观反映所在地的创业群体活跃度、创业热情和创业能力。由表 4-3 可以看出北京、深圳、上海三地处于创新创业分指标前三甲，其数量和占全国的 37.358%，超过后面 20 个城市之和。尤其是北京在"互联网＋创新创业"方面领跑全国，深圳紧随其后，来自这两个城市上线 App 数量之和占全国上线 App 总量的 34.3%；发起有效创业项目数占全国有效创业项目总数的 26%，这两个城市占据中国"互联网＋创新创业"的战略高地。

此外，在城市"互联网＋产业"分指数排名中，北京、深圳、上海分别位居前三位，占比分别为 11.975%、9.006%、6.513%，占比总和为 27.494%。北京作为全国的经济、政治、文化中心，其"互联网＋产业"发展水平居于首位，深圳"互联网＋产业"实力和发展势头直逼北京。"互联网＋服务业"不是互联网工具与传统服务业的简单融合，而是将互联网"基因"传导给传统服务产业，打通信息壁垒与产业链上下游各个环节。研究报告中选取 10 个细分行业进行分析，以求更好地反映出我国各城市"互联网+"融入服务业的发展水平。从表 4-4 可以看出北京、深圳和上海在绝大多数细分行业中处于绝对优势。

表 4-4 "互联网+"十大细分行业城市前四强

行业 排名	零售	金融	交通 物流	医疗	教育	文化 娱乐	餐饮 住宿	旅游	商业 服务	生活 服务
第一名	北京	北京	北京	北京	北京	北京	上海	上海	北京	北京
第二名	上海	上海	上海	广州	广州	深圳	北京	北京	深圳	深圳
第三名	广州	深圳	广州	深圳	上海	上海	广州	广州	广州	上海
第四名	深圳	广州	深圳	上海	杭州	广州	深圳	深圳	上海	广州

资料来源：《中国"互联网+"指数（2016）》。

综上分析，本次调研主要在北京、深圳和上海三地开展。根据三地互联网创业发展水平，基于分层抽样的方法，同时考虑样本规模至少大于理论模型中变量总数的 5 倍以上，本次调查在北京和深圳分别回收有效样本70 个，在上海预计回收有效样本 60 个，总计有效样本 200 个。鉴于调研对象为拥有互联网失败经历的创业者，所以主要在北京、深圳和上海互联网企业聚焦的创业孵化器、众创空间、科技企业孵化器等进行随机抽样。

下面将详细说明三个城市的抽样方案。本书借助专业的市场调研公司获取样本，根据调研目的及抽样设计原则，本书采取分层随机抽样的方法（Stratified Random Sampling）开展正式的调研工作。分层抽样是在抽样之前先将总体分成相对同质性的不同群体，然后在每一层中随机依据一定比例抽样样本，这种方法能够降低抽样的误差，增加样本的代表性（艾尔·芭比，2015）。在北京的调研和抽样流程如下：首先，由笔者所在研究中心已经毕业的从事孵化器相关工作的师兄提供北京地区详细的孵化器和众创空间名单，按照不同区域随机抽取不同的孵化器和众创空间；其次，调研公司根据随机抽取的孵化器和众创空间里的企业名录与企业负责人取得联系，询问是否符合取样标准及是否愿意接受访谈，先后接触到 370 家企业，共回收 148 份问卷，其中有效问卷 80 份，对比有效问卷和无效问卷的填答者人口特征并无显著性差异。在上海和深圳的调研和抽样流程基本一致：首先，由调研公司提供上海和深圳的孵化器、众创空间名单，笔者按照系统抽样原则，在两个层次内进行随机抽样，确定需要调研的企业名单；其次，由调研公司负责电话联系及上门访谈。

即使是最仔细的抽样也不可能提供对总体的完全代表性，一定程度的抽样误差总是存在的（艾尔·芭比，2015）。因此，我们进行无反应偏差（Non-Response Bias）检测，比较先填答问卷者与后填答问卷者是否存在显著不同，经过统计分析发现主要变量间并无显著差异，意味着无反应偏差问题在可以接受的范围内。当然，也有学者指出，即便根据问卷返回的时间顺序分组进行卡方检验，也无法真正消除无反应偏差对研究结论的影响（Smith et al.，2009）。最好的方式是程序控制或保持随机性。本次调研获取的 203 名拥有失败经历的创业者，其中男性 147 人，女性 56 人，男性和女性创业者比例为 72.4% 和 27.6%，这一比例与总体创业者性别比例分布大致吻合。从年龄分布上看，35 岁及以下有 131 人（64.5%），35 岁以上有 72 人（35.5%）；从受教育程度上看，大专及以下有 71 人（35.0%），本科有 123 人（60.6%），可见样本分布具有一定的代表性和随机性。由于本书研究样本获取的难度，整个研究设计和执行可能会存在某些偏差，但笔者通过此类尝试总结出对科学研究的有益建议，为今后的类似尝试提供借鉴。

三、数据收集过程

数据的收集过程大致可以分为以下三个阶段：

第一阶段为 2016 年 5~6 月，选定委托调研的第三方调查公司。在探测性调研的基础上，拟定正式调研方案，并通过互联网搜索和熟人介绍方式联系备选的专业市场调查公司，考察其公司实力、业务范围、优势及先前进行学术类调研的经验等情况，以确定其是否能够承担本书的数据调研工作。最终确定深圳市鸿鹄志信息咨询有限公司和联合威道企业管理咨询有限公司承担本书的调研工作。两家公司分别是东部沿海地区和华北地区专业市场调研、数据收集的服务机构，专注于提供数据采集、数据收集服务，以准确且全面的数据分析为企业和个人提供专业化、个性化及差异化的市场信息服务。

第二阶段为2016年6~7月，签订调研合同与培训访问员。在选定好第三方执行公司之后，笔者与调研公司的项目负责人多次当面和电话沟通，就调研方案和执行细节进行协商，在此基础上对参与本调研的访问员进行培训。具体操作流程如下：首先，对访问员培训。在正式培训之前，调研公司的督导和访问员仔细阅读了问卷内容和详细的访问注意事项。笔者对所有督导和访问员介绍了问卷的基本情况，使其明白调研目的、调研方法及访谈注意事项，并解答访问员的问题。其次，笔者陪同访问员对两家企业进行访问，以便检查工作流程是否规范。访问员面对面访问并判断是否为适合样本，如果被访者通过筛选题项，问卷后面的内容则由被访者填答。最后，访问员耐心等待并记录问卷填答时间。等被访者填答问卷完毕后，访问员当面检查问卷是否有漏答、多选、错选，以及是否留下联系方式，检查完毕后感谢被访者并礼貌离开。访问员需要为问卷填写编号、被访者答题时间、调研地点及本人签名。

第三阶段为2016年7~12月，数据收集与审核阶段。在北京的问卷收集主要集中在2016年6~9月，6月笔者主要负责培训北京的访问员，并对初期的问卷质量进行实地和电话复核，规范访问员的工作流程后，7月后开始启动在深圳的调研工作。在深圳的问卷收集主要集中在7~12月，在培训深圳访问员的同时，及时跟踪北京的调研进度和复核已回收的问卷。在上海的问卷收集主要集中在8~12月。问卷的复核流程如下：首先，访问员回收并检查好问卷后交由项目督导，项目督导电话复核后确定有效问卷并录入数据，然后将纸质版问卷交给笔者，笔者检查问卷，发现有遗漏或者多填部分返回调研公司，由访问员实地补填问卷并请求被访者在问卷上签名。

其次，对于每一份问卷，笔者都仔细检查填答是否完整、前后内容是否矛盾、反转题是否与其他部分内容保持一致等，检查无误后网络查询被访者目前创立企业的地址、成立时间、规模等信息是否与问卷填答一致。最后，打电话复核被访者的创业经历及人口特征等客观信息，如果出现不一致的情况，则判断为无效问卷。

综上所述，本次调研的执行过程为 2016 年 6~12 月，前后历时 6 个月，先后接触 755 家样本企业，回收问卷 378 份，回收有效问卷 203 份，有效问卷回收率为 53.7%（见表 4-5）。虽然三地之间的有效样本回收率存在较大不同，但是每个地区我们都分别进行对比有效问卷和无效问卷的填答者人口特征，数据发现其并无显著性差异，这意味着问卷回收率不会影响问卷抽样的科学性和代表性。同时，根据"样本规模应该大于研究模型中研究变量的 5 倍且达到 100 个以上"这一准则，本书的样本规模已达到要求，研究结果可以被接受。

表 4-5　调查问卷发放与回收情况统计

城市	接触企业数（家）	回收问卷数（份）	问卷回收率（%）	有效问卷数（份）	有效回收率（%）
北京	370	148	40.0	80	54.1
深圳	229	150	65.5	70	46.7
上海	156	80	51.3	53	66.3
总计	755	378	50.1	203	53.7

资料来源：笔者整理。

因为本书主要是两家调研公司从北京、上海和深圳三地收集问卷，不同调研公司及不同地区的问卷可能会对样本的独立性、有效性等产生一定程度的影响。为了验证其是来自同一个群体，即母体相同，需要对样本的来源进行检验。在此，本书对两家公司的数据进行 t 检验来分析两家公司的取样是否具有差异，主要考察三个城市的填写者对各种变量的差异性。数据分析发现，尽管在个别条目上存在差异，但从总体上看，样本在创业者的关键特征上并不存在显著性差异，说明样本大致上来自同一个母体，不同取样方式及不同城市的样本并不会对分析结果带来显著性影响。

四、数据分析方法

在问卷发放与回收的科学性和有效性基础上，需要采用合适的数据分析方法对数据进行分析处理以便更好地挖掘数据价值。本书依托调研公司的调研数据，采用逐一检查核对的方式对数据进行再次排查，最终建立数据库。根据不同研究假设和变量特征采用不同的数据分析方法，如采用SPSS 20.0 分析软件对样本进行描述性统计分析、因子分析、相关分析、层次回归分析、调节效应分析，同时配合 EQS 6.1 软件对样本的信度和效度进行检验。为了更好地展示数据分析过程，下面主要对三种数据分析方法进行简要概括总结，包括因子分析、层次回归分析和调节效应回归分析。

首先，因子分析是检验信度和效果的重要工具。因子分析主要从变量群中提取共性因子，用以描述一些隐藏在变量中更基本的但无法直接测量的隐性变量。因子分析在降低变量数量的同时尽量维持原来数据中的主要信息，其主要包括探索性因子分析和验证性因子分析。一般来说，探索性因子分析适合于不成熟的量表，没有先验信息，依据统计数据分析得出因子数目和因子结构，然后按照一定的规则结合构念的内涵和维度对量表信度和效度进行优化，最后进行验证性因子分析确保量表的信效度。因此，相对来说比较成熟的量表可直接采用验证性因子分析来对其进行信效度检验。本书创业学习方式量表是借鉴先前成果改编的量表，第一次用于创业失败情境下，因此对其先进行探索性因子分析了解其结构，然后进行验证性因子分析确保信效度，而文中其他变量则主要进行验证性因子分析检验其信度和效度。

其次，本书在检验假设时主要采用层次回归分析方法。一般回归分析按照变量对因变量的贡献程度选择是否进入回归分析方程中，层次回归分析在此基础上还强调不同自变量对因变量起作用的逻辑顺序。层次回归分析突出层次的作用，能够根据理论模型中各变量对因变量的不同逻辑顺序将其分别放入不同层次的模型之中。层次回归分析中按照各自变量间的关系和等级，将其分为多层，由于将这些变量放在回归方程中的前后顺序不同，所以对因变量的影响也不同。一般来说，越是基础性的自变量，则越被优先放入回归方程，如一些人口学特征变量；越是后来加入的变量，其级别就越低。层次高的自变量可能会影响层次低的自变量，变量加入方程的顺序不同，对结果的解释程度也不一样。通过层次回归模型，研究不仅能够清楚地呈现不同自变量对因变量的影响力和解释力，还能够以一系列的模型表现出研究中各自变量与因变量的整体关系。

最后，本书还采用调节效应回归分析法。一般来说，如果自变量 X 影响因变量 Y，但是 X 与 Y 的关系受到第三个变量 M 的影响，那么 M 变量就是调节变量，其作用被称为调节作用。调节效应回归分析适合于验证权变关系，划出理论限制条件和适用范围。用回归的方法检验调节作用主要包括以下五个步骤：第一步，采用虚拟变量来代表类别变量。如果自变量或者调节变量中有一个是类别变量，那么要将其转化为虚拟变量。第二步，连续变量的中心化或标准化。调节效应回归分析的一个重要步骤就是将连续变量进行整理，如进行中心化或者标准化，以减少方程中变量间的多重共线性问题。第三步，构建乘积项，将编码或标准化（或中心化）后的自变量与调节变量相乘。第四步，构造方程。将自变量、因变量和乘积项都放到多元层级的回归方程中，如果乘积项的系数显著，则调节效应显著。第五步，调节作用的分析与解释。如果调节作用存在，那么下一步需要分析其作用模式。一般来说，如果自变量和调节变量都是类别变量，可以在不同的分组中计算因变量的均值，通过绘图来观察调节作用的模式，或者按照分组检验自变量对因变量的回归斜率。当自变量和调节变量都是连续变量时，可以找到调节变量的中位数或者均值，然后分组回归，观察自变量对因变量的不同作用模式。

在调节效应回归分析时，还需要考虑自变量和调节变量的测量级别。温忠麟等（2005）根据不同的变量级别采用不同的方法来具体分析。变量主要分为两类，即类别变量和连续变量，前者包括定类和定序变量，后者包括定距和定比变量。依据变量的类别属性选择合适的方法：当两个都为类别变量时，则采用方差分析，自变量和因变量的交互效应即为调节效应。当自变量为连续变量而调节变量为类别变量时，按调节变量的取值分组回归，若回归系数的差异显著，则调节效应显著。当调节变量为连续变量而自变量为类别变量时，对自变量重新编码成哑变量或虚拟变量（Dummy Variable），并将自变量和调节变量中心化后相乘，然后将其代入回归方程，回归系数显著则调节效应成立。当两个变量都为连续变量时，则直接使用调节效应回归分析，也可以检验非线性的调节效应。

第五章　实证分析与讨论

本章首先通过对数据的描述性统计以了解分析样本特征和有效性，其次对数据进行信度和效度分析、相关分析和层次回归分析检验假设，最后根据数据分析验证假设情况并结合理论对结果进行讨论，总结主要的研究发现和结论。

第一节　样本描述性统计和有效性分析

一、样本特征描述

数据描述性统计分析以了解被调查者和被调查企业的基本特征。表 5-1 统计了被调查创业者的基本信息，其中男性和女性创业者比例为 72.4% 和 27.6%，这一比例与总体创业者性别比例分布大致吻合。从被调查者年龄和学历来看，其中 64.5% 的创业者在 35 周岁及以下，60.6% 的创业者具有本科学历，说明本次调查拥有互联网失败经历的创业者多为高学历的年轻人。从被调查者的创业次数和失败次数来看，绝大多数创业者具有 2 次创业经历，1 次创业失败经历。总体而言，被调查的创业者特征比较符合正态分布，具有较好的代表性。

表 5-1 创业者特征的描述性统计

变量	类别	数量（比例）	变量	类别	数量（比例）
性别	男	147 人（72.4%）	失败次数	1 次	171 人（84.2%）
	女	56 人（27.6%）		2 次及以上	32 人（15.8%）
年龄	30 岁以下	65 人（32.0%）	创业次数	2 次	139 人（68.5%）
	31~35 岁	66 人（32.5%）		3 次	51 人（25.1%）
	35 岁以上	72 人（35.5%）		4 次及以上	13 人（6.4%）
教育水平	大专及以下	71 人（35.0%）	先前工作年限	3 年及以下	92 人（45.3%）
	大学本科	123 人（60.6%）		3~6 年	58 人（28.6%）
	硕士及以上	9 人（4.4%）		6 年及以上	53 人（26.1%）
婚姻	未婚	50 人（24.6%）	先前行业经验（多选）	第一和第二产业	55 人（27.0%）
	已婚没有孩子	34 人（16.7%）		第三产业	96 人（47.3%）
	已婚有孩子	119 人（58.6%）		信息产业	93 人（45.3%）

资料来源：笔者整理（样本量 =203）。

表 5-2 对被调查者的失败企业与再创业企业基本特征进行描述性统计。从失败类型来看，各种类型失败分布均匀，也就是说创业者失败既包括经济原因和非经济原因而关闭企业，也包括未达到自己的创业目标而出售或者退出企业。截至被调查时间点，创业者关闭或者退出失败企业时间在 1 年内的样本占比 27.6%，1~2 年的占比 46.3%，3 年及以上的占比 26.1%。此外，从失败企业存活时间来看，94.1% 的企业在 3 年内死亡，这与 2013 年《国家工商总局全国内资企业生存时间分析报告》中显示新企业成立后前 3 年死亡率达到最高且在互联网领域创业成功率不足 5% 的数据基本上一致。从失败企业的资金来源看，绝大多数来源于自己储蓄或家人投资，也有 30% 的比例为朋友投资，其中专业的风险投资较少。失败后再创业的企业成立时间近半数在 2 年以内，其中以小型企业居多。针对失败后新建的企业是否在新行业中这一指标，其中大约 31.5% 的新创企业在新行业中。

综上分析可见，本次调查样本分布具有广泛性和代表性，基于此数据分析的研究结果可以接受，并且具有较好的普适性。

表 5-2 创业企业特征的描述性统计

变量	类别	数量（比例）	变量	类别	数量（比例）
失败类型	资不抵债而关闭	44 家（21.7%）	失败企业资金来源（多选）	自己储蓄	155 家（76.4%）
	未达成目标而出售企业	47 家（23.2%）		家人投资	75 家（36.9%）
	非经济原因关闭	61 家（30.0%）		朋友投资	61 家（30.0%）
	本人退出，仍运营	50 家（24.6%）		专业的风险投资	10 家（4.9%）
失败时间	1 年以下	56 家（27.6%）	目前企业成立时间	2 年及以下	95 家（46.8%）
	1~2 年	94 家（46.3%）		3~6 年	82 家（40.4%）
	3 年及以上	53 家（26.1%）		7 年及以上	26 家（12.8%）
失败企业存活时间	1 年以内	54 家（26.6%）	目前企业规模	小型	88 家（43.3%）
	1~3 年	137 家（67.5%）		偏小型	79 家（38.9%）
	3 年以上	12 家（5.9%）		中型及以上	36 家（17.8%）
失败企业规模	小型	112 家（55.2%）	行业转变	基本上没有改变	29 家（14.3%）
	偏小型	69 家（34.0%）		部分改变	110 家（54.2%）
	中型	22 家（10.8%）		完全不一样	64 家（31.5%）

资料来源：笔者整理（样本量=203）；失败企业类型有 1 个样本缺失，因此总数为 202。

二、共同方法偏差分析

鉴于本书的数据都是来源于被调查者的自我报告，可能存在同源偏差问题。为降低同源偏差问题，本次调研通过最初的问卷设计来预防或降低同源偏差问题。首先，问卷中包含很多客观变量，如创业次数、失败企业的存活时间、规模和损失的成本等。同时，题项也采用多种形式，包括单选和多选、开放性的问答题、李克特量表题等。其次，整个问卷量表中还包括反转题以克服被调查者在填答过程中的思维惯性。对同一变量进行多种测量，如机会识别知识不仅包括量表测量，还询问创业者失败后到现在识别和开发机会的数量，使之与前面量表题目进行交叉验证。最后，在问卷的指导语中强调本次调查纯粹用于学术研究，填答没有正误之分，我们会对其信息完全保密，防止被调查者因某些原因导致填答偏差。

以上各种措施能够多大程度上降低同源偏差问题还需要进一步检验。本书采用 Harman 单因子检测方法对其进行分析（Podsakoff and Organ，1986）。该方法将所有的变量放在一起进行探索性因子分析，如果一个因子的解释力特别大，则表明数据存在较为严重的同源偏差。使用该方法，运用 SPSS 20.0 软件对本书所有变量进行探索性因子分析，结果显示 KMO 为 0.820，卡方值为 6342.599，自由度为 1891，显著性水平为 0.000。在进行探索性因子分析后共得到 17 个因子，并且第一个因子所占的贡献率为 17.628%，并没有占到多数，基于此认为本书的同源偏差在可以接受的范围内。

第二节　主要变量的信度与效度分析及处理

第一节样本的描述性统计和有效性分析说明数据在样本分布上具有很好的代表性。本节主要通过探索性因子分析和验证性因子分析进行信效度分析以判断数据的质量情况。测量量表具有较好的信效度是随后实证分析的前提。

一、创业知识的信度与效度分析

首先，对创业知识相关测量条目的均值、标准差、偏度和峰度的描述性统计分析如表 5-3 所示。从表 5-3 中可以看出，创业知识各条目的均值最高为 3.650，最低值为 3.390，说明创业者认为自己具有较高的机会识别知识和应对新生劣势知识。对数据的均值和离散程度来检验数据是否服从正态分布，一般来说，偏度小于 2，同时峰度小于 5，可以认定数据属于正态分布。从创业知识的偏度、峰度数值来看可以判定所测量指标的数据呈现正态分布。

表 5-3 创业知识的测量条目描述

测量条目	均值	标准差	偏度	峰度	CITC	删除该条目的 Cronbach's α
能够察觉哪些是潜在机会	3.610	0.759	−0.656	1.135	0.571	0.863
能够区分赚钱和不赚钱的机会	3.650	0.771	−0.613	1.092	0.563	0.864
擅长发现赚钱的机会	3.550	0.746	−0.560	1.028	0.586	0.862
有诀窍能区分高价值和低价值的机会	3.500	0.773	−0.495	1.010	0.501	0.868
多个机会中我能够选出好机会	3.640	0.780	−0.666	1.368	0.608	0.861
具有管理新企业的先进经营理念	3.490	0.841	−0.314	0.150	0.627	0.859
有新企业流畅运作方面的经验和知识	3.390	0.845	−0.343	0.152	0.558	0.864
了解获取融资的相关知识	3.420	0.860	−0.264	−0.082	0.595	0.862
具有获取关键创业资源的相关知识	3.540	0.779	−0.188	−0.017	0.640	0.859
具有说服新企业外部利益相关者的信息和知识	3.470	0.719	−0.008	0.210	0.580	0.863

资料来源：笔者整理（样本量 =203）。

其次，为了进一步验证创业知识量表的信度和效度，运用 SPSS 20.0 软件对该量表进行信度分析，结果表明校正的总计相关性系数（Corrected Item-Total Correlation，CITC）最低为 0.501，大于信度测量的最低标准 0.400（吴明隆，2010）。同时，创业知识的总体 Cronbach's α 系数为 0.874，超过 0.700 的信度标准，说明该量表具有较好的内部一致性。

本书对创业知识测量量表采用较为成熟的量表，因此能够直接运用验证性因子分析来检验量表的建构效度。我们运用 EQS 6.1 软件对创业知识量表进行验证性因子分析，测量模型如图 5-1 所示。创业知识各题项的因子载荷均在 0.01 的水平上显著，机会识别知识因子载荷的最小值为 0.58，应对新生劣势知识的因子载荷最小值为 0.62，两者均大于 0.35 的载荷标准，并且各题项均落在最初设想的因子上，说明该量表具有很好的结构效度。

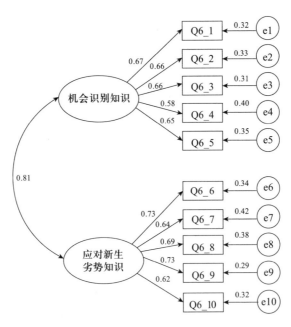

图 5-1 创业知识的测量模型

资料来源：笔者整理（样本量 =203）。

最后，通过对整体测量模型的拟合情况对量表进行结构效度考评。表5-4为创业知识的验证性因子分析的拟合指数指标，其中卡方与自由度的比值小于 2.000 （$\chi^2/df=1.932$），除了 RMSEA 为 0.068，略大于 0.050，AGFI 指标为 0.884，略小于 0.900 外，其余 RMR、NFI、CFI、GFI 指标均达到理想水平，说明该测量模型拟合较好，该量表具有较好的建构效度。

表 5-4　创业知识测量模型的拟合指标

指标	χ^2/df	RMSEA	RMR	NFI	CFI	GFI	AGFI
期望优度	2.000	<0.050	<0.050	>0.900	>0.900	>0.900	>0.900
测量模型	1.932	0.068	0.031	0.946	0.973	0.928	0.884

资料来源：笔者整理（样本量 =203）。

二、创业学习的信度与效度分析

首先，对创业学习相关测量条目的均值、标准差、偏度和峰度的描述性统计分析如表 5-5 所示。从表 5-5 中可以看出，创业学习各条目的均值最高为 3.960，最低值为 3.550，说明创业者失败后单环学习和双环学习的水平较高。从表 5-5 中可以看出，偏度小于 2，同时峰度小于 5，因此根据数据的均值和离散程度可以认定该数据服从正态分布。

表 5-5　创业学习的测量条目描述

测量条目	均值	标准差	偏度	峰度	CITC	删除该条目的 Cronbach's α
按照先前制定的目标，找到正确的做事方式	3.760	3.760	−0.941	1.881	0.564	0.767
主要收集和关注那些带来不良绩效的信息	3.550	3.550	−0.616	0.937	0.443	0.792
主要工作是如何按照先前制定的目标完成任务	3.760	3.760	−0.868	0.954	0.534	0.770

续表

测量条目	均值	标准差	偏度	峰度	CITC	删除该条目的 Cronbach's α
会在已有的目标和行为框架下寻找合适的管理方法	3.890	3.890	−0.734	1.326	0.242	0.807
根据先前制定的目标,修正已有行动方式和行动策略	3.850	3.850	−0.914	1.379	0.601	0.761
不断地寻求新的有助于未来发展的行动策略	3.820	3.820	−0.425	0.067	0.241	0.804
收集和关注那些有助于未来成长的信息	3.840	3.840	−0.192	−0.503	0.574	0.765
积极识别和分析失败问题的根源	3.960	3.960	−0.663	0.993	0.520	0.772
通过评估现状后采取合适的管理方法	3.870	3.870	−0.377	0.334	0.472	0.788
根据客户需求变化（而不是先前目标）更新和修正行动策略	3.880	3.880	−0.457	0.023	0.466	0.778

资料来源：笔者整理（样本量 =203）。

其次，需要进一步分析该量表的效度和信度。由于创业学习测量是借鉴组织学习研究失败情境下的测量量表，因此本书采用探索性因子分析和验证性因子分析对量表的信效度进行检测。将该量表的 10 个题项全部进行信度分析，结果表明 Cronbach's α 系数为 0.796，发现题项"会在已有的目标和行为框架下寻找合适的管理方法"和"不断地寻求新的有助于未来发展的行动策略"如果被删除，那么总体的 Cronbach's α 系数将会提高，同时根据其校正的总计相关性系数低于 0.4 的标准，因此删除以上两个条目后进行后续的因子分析。

最后，为了进一步确认该量表的信度和效度，对其进行验证性因子分析。测量模型的拟合结果如表 5-6 所示，各测量指标除了 RMSEA 略大于0.050，其他指标如 RMR、NFI、CFI、GFI、AGFI 均达到了期望优度，说明数据拟合的结果较好，量表具有较好的建构效度。

表 5-6　创业学习测量模型的拟合指数

指标	χ^2/df	RMSEA	RMR	NFI	CFI	GFI	AGFI
期望优度	2.000	<0.050	<0.050	>0.900	>0.900	>0.900	>0.900
测量模型	1.650	0.057	0.038	0.908	0.961	0.951	0.906

资料来源：笔者整理（样本量 =203）。

三、反事实思维的信度与效度分析

首先，对创业学习相关测量条目的均值、标准差、偏度和峰度的描述性统计分析如表 5-7 所示。从表 5-7 中可以看出，偏度小于 2，同时峰度小于 5，因此根据数据的均值和离散程度可以认定该数据服从正态分布。

表 5-7　反事实思维的测量条目描述

测量条目	均值	标准差	偏度	峰度	CITC	删除该条目的Cronbach's α
我会想事情究竟会糟糕到什么程度	2.940	0.860	−0.075	−0.350	0.250	0.782
一想到事情结局有可能更糟，我感到宽慰	2.600	0.869	−0.223	−0.589	0.483	0.747
一想到事情结局有可能更糟，我感到庆幸和知足	2.550	0.857	0.005	−0.173	0.565	0.734
虽然失败已经发生，但显然局面原本有可能会更糟	2.610	0.868	0.021	−0.278	0.463	0.750

续表

测量条目	均值	标准差	偏度	峰度	CITC	删除该条目的 Cronbach's α
一想到事件结局原本可能更好，我就难受	2.640	0.941	0.142	-0.252	0.300	0.775
我想要是不失败该多好	2.750	1.129	0.061	-0.824	0.547	0.735
我总是不停地想：失败的局面发生逆转该有多好	2.780	1.021	-0.005	-0.718	0.574	0.729
失败并不是某个人的错，但我总会想怎样才能使局面有所改观	3.100	0.868	-0.055	0.123	0.613	0.723

资料来源：笔者整理（样本量 =203）。

其次，需要进一步分析该量表的效度和信度。由于反事实思维测量是借鉴心理学测量量表，该量表在创业失败情境下首次采用，因此本书采用探索性因子分析和验证性因子分析对量表信效度进行验证。将该量表的 8 个题项全部进行信度分析，结果表明 Cronbach's α 系数为 0.773，发现题项"我会想事情究竟会糟糕到什么程度"和"一想到事件结局原本可能更好，我就难受"如果被删除，那么总体的 Cronbach's α 系数将会提高，同时根据校正后的总计相关性系数大于信度测量的最低标准 0.4（吴明隆，2010），因此删除这两个条目并进行后面的因子分析。

最后，为了进一步确认该量表的信度和效度，运用 EQS 6.1 对其进行验证性因子分析。测量模型的拟合结果如表 5-8 所示，各测量指标除了 RMSEA 和 RMR 略大于 0.050，其他指标如 NFI、CFI、GFI、AGFI 均达到期望优度，说明数据拟合的结果较好，量表具有较好的建构效度。

表5-8　反事实思维测量模型的拟合指数

指标	χ^2/df	RMSEA	RMR	NFI	CFI	GFI	AGFI
期望优度	2.000	<0.050	<0.050	>0.900	>0.900	>0.900	>0.900
测量模型	1.860	0.065	0.051	0.960	0.981	0.976	0.937

资料来源：笔者整理（样本量 =203）。

四、创业失败成本的信度与效度分析

首先，对创业失败成本进行信度和效度分析。对创业失败成本相关测量条目的均值、标准差、偏度和峰度的描述性统计分析如表5-9所示。从表5-9中可以看出，偏度小于2，同时峰度小于5，因此根据数据的均值和离散程度可以认定该数据服从正态分布。

表5-9　创业失败成本测量条目描述

测量条目	均值	标准差	偏度	峰度
失败导致损失的金额	2.430	0.732	0.185	−0.114
失败导致损失占总资产的比例	2.470	0.577	0.554	0.497
失败导致背负的债务金额	1.610	0.636	1.068	0.159
失败影响了我和家人的和谐关系	2.290	0.979	0.379	−0.473
失败影响了我与投资者友好关系	2.480	0.984	0.048	−0.900
失败影响我与其他利益相关者的关系	2.690	1.005	−0.160	−0.949
失败带来的污名影响我未来发展	1.990	0.718	0.472	−0.508
因为失败我很沮丧	2.490	1.192	0.182	−0.855
有时候想到失败我就想哭	2.200	1.070	0.599	−0.119
我不相信企业已经关闭 / 出售了	2.260	0.847	0.611	0.297
失败发生在我身上，我感到很愤怒	2.430	0.999	0.305	−0.371
总不相信我不能再经营那家企业了	2.340	0.839	0.404	−0.263
企业关闭 / 出售了，我很生气	2.520	1.092	0.111	−0.776
企业关闭 / 出售了，我很悲伤	2.690	1.116	0.114	−0.530
我不能相信这事（失败）发生在我身上	2.440	0.861	0.294	−0.444
我对与企业关闭 / 出售有关的人仍有很强敌意	2.210	0.769	0.518	0.112

资料来源：笔者整理（样本量 =203）。

其次，对创业失败成本中的经济成本进行信度分析，从表5-10中可以发现校正后的总计相关性系数最低为0.560，大于信度测量的最低标准0.4（吴明隆，2010），同时，经济成本的Cronbach's α系数为0.760，说明该量表具有较好的信度。

表5-10　经济成本的信度分析

测量条目	CITC	删除该条目的Cronbach's α
失败导致损失的金额	0.614	0.653
失败导致损失占总资产的比例	0.560	0.714
失败导致背负的债务金额	0.603	0.665

资料来源：笔者整理（样本量=203）。

再次，对创业失败成本中的社会成本进行信度分析，从表5-11中可以发现校正后的总计相关性系数最低为0.558，大于信度测量的最低标准0.4（吴明隆，2010），同时，社会成本的Cronbach's α系数为0.823，说明该量表具有较好的信度。

表5-11　社会成本的信度分析

测量条目	CITC	删除该条目的Cronbach's α
失败影响了我和家人的和谐关系	0.558	0.819
失败影响了我与投资者友好关系	0.741	0.732
失败影响我与其他利益相关者的关系	0.706	0.749
失败带来的污名影响我未来发展	0.596	0.801

资料来源：笔者整理（样本量=203）。

最后，对创业失败成本中的心理成本进行信度分析，从表5-12中可以发现校正后的总计相关性系数最低为0.595，大于信度测量的最低标准0.4（吴明隆，2010），同时，心理成本的Cronbach's α系数为0.892，说明该量表具有较好的信度。其中问项"我对与企业关闭/出售有关的人仍有很强敌意"若是删除，则 Cronbach's α 系数提高到 0.896，鉴于此，删除该问项并进行因子分析。

表 5-12　心理成本的探索性因子分析及信度分析结果

测量条目	因子载荷	CITC	删除该条目的 Cronbach's α
因为失败我很沮丧	0.764	0.678	0.879
有时候想到失败我就想哭	0.743	0.650	0.881
我不相信企业已经关闭 / 出售了	0.687	0.595	0.885
失败发生在我身上，我感到很愤怒	0.807	0.734	0.874
总不相信我不能再经营那家企业了	0.739	0.650	0.881
企业关闭 / 出售了，我很生气	0.800	0.712	0.875
企业关闭 / 出售了，我很悲伤	0.797	0.716	0.875
我不能相信这事（失败）发生在我身上	0.745	0.678	0.879

资料来源：笔者整理（样本量 =203 ）。

为了进一步确认创业失败各量表的效度，运用 EQS 6.1 对其进行验证性因子分析。测量模型的拟合结果如表 5-13 所示，各测量指标除了 RMSEA 大于 0.050，以及心理成本的 RMR 大于 0.050 和 AGFI 小于 0.900，其他指标如 NFI、CFI、GFI、AGFI 均达到期望优度，说明数据拟合的结果较好。

表 5-13　创业失败成本各个测量模型的拟合指数

指标	χ^2/df	RMSEA	RMR	NFI	CFI	GFI	AGFI
期望优度	2.000	<0.050	<0.050	>0.900	>0.900	>0.900	>0.900
经济成本	1.980	0.070	0.021	0.979	0.989	0.99	0.948
社会成本	2.551	0.088	0.025	0.983	0.990	0.985	0.925
心理成本	2.930	0.098	0.052	0.950	0.967	0.913	0.844

资料来源：笔者整理（样本量 =203 ）。

五、控制变量的处理

本书结合先前相关研究文献，对于创业者性别、年龄、教育水平等定序变量进行虚拟设置，具体赋值如表 5–14 所示。需要说明的是行业类型的赋值，基于本书设定创业者失败企业的行业类型为互联网，而大部分创业者失败后没有改变行业类型，因此相对于第一产业和第二产业来说，本书将第三产业和信息产业设置为参照变量，赋值为 1。另外，考虑到互联网行业更多集中在信息产业中，因此本书将信息产业设置为参照变量，赋值为 1，其他产业赋值为 0。

表 5–14　虚拟变量的设置

变量		样本量（人）	所占百分比（%）	赋值 D1	D1
性别	男	147	72.4	1	
	女	56	27.6	0	
年龄	35 岁及以下	131	64.5	1	
	35 岁以上	72	35.5	0	
受教育程度	大学本科以下	71	35.0	0	
	本科及以上	132	65.0	1	
失败时间	1 年以下	56	27.6	0	
	1 年及以上	147	72.4	1	
工作经验	0 年	11	5.4	1	0
	1~3 年	81	39.9	0	1
	3 年以上	111	54.7	0	0
行业经验	第一产业和第二产业	55	27.0	0	0
	第三产业	96	47.3	0	1
	信息产业	93	45.3	1	0

资料来源：笔者整理（样本量 =203）。

第三节　回归分析与假设检验

本节主要分析变量间的相关关系，并采用回归分析技术对假设进行检验。具体而言，首先，对本书中所有变量进行相关性分析。其次，依据各变量的结构对其进行因子分析以因子得分作为后续回归分析的基础。最后，采用层次回归分析形成多个回归模型，通过回归分析结果判断不同变量对因变量的影响作用。

一、变量相关分析

本章首先对各个变量进行相关分析，初步判断变量间的内在联系和回归方程中的多重共线性问题。表 5–15 中列出各变量的均值、标准差、变量间相关系数及显著性水平。从自变量与因变量间的相关系数来看，单环学习和双环学习都与机会识别知识显著正相关，系数分别为 0.374（P<0.01）、0.517（P<0.01），单环学习和双环学习都与应对新生劣势知识显著正相关，相关系数分别为 0.250（P<0.01）、0.370（P<0.01）。再来看反事实思维与创业学习的关系，上行反事实思维与单环学习显著正相关，相关系数为 0.147（P<0.05），下行反事实思维与双环学习显著负相关，相关系数为 –0.150（P<0.05）。从控制变量与因变量的相关关系来看，性别、年龄和失败时间与机会识别知识或应对新生劣势知识显著相关。创业者的性别、年龄和失败时间与单环学习或双环学习显著相关，而先前创业经验、工作经验和行业经验与因变量不存在显著性相关关系。

从自变量、控制变量和调节变量的相关系数来看，创业者年龄与上行反事实思维、失败成本、内部归因、行业转变显著负相关，相关系数分别为 –0.151（P<0.05）、–0.148（P<0.05）、–0.143（P<0.05）、–0.140（P<0.05）；年龄与失败时间、先前创业经验、工作经验显著相关，相关系数分别为 –0.181（P<0.01）、–0.183（P<0.01）、0.268（P<0.01）；受教育水平与失

135

表 5-15　主要研究变量的相关系数矩阵

序号	变量	1	2	3	4	5	6	7	8	9	10	11	12	13	14	15	16	17	18
1	机会识别知识	1																	
2	应对新生势势知识	0.643**	1																
3	单环学习	0.374**	0.250**	1															
4	双环学习	0.517**	0.370**	0.447**	1														
5	下行反事实思维	-0.120	-0.165*	0.036	-0.150*	1													
6	上行反事实思维	-0.072	-0.009	0.147*	-0.087	0.422**	1												
7	失败成本	-0.137	-0.100	0.063	-0.168*	0.430**	0.504**	1											
8	内部归因	-0.022	-0.182*	0.081	0.060	0.123	0.185**	0.171*	1										
9	行业转变	-0.053	-0.136	-0.083	0.023	0.124	0.097	0.090	0.116	1									
10	性别	0.242**	0.104	0.189**	0.254**	-0.007	-0.016	-0.080	-0.022	0.039	1								
11	年龄	-0.146*	-0.200**	-0.218**	-0.111	-0.010	-0.151*	-0.148*	-0.143*	-0.140*	-0.158*	1							

续表

序号	变量	1	2	3	4	5	6	7	8	9	10	11	12	13	14	15	16	17	18
12	受教育水平	0.087	0.093	0.058	0.135	-0.114	-0.137	-0.185**	-0.092	0.031	0.194**	0.039	1						
13	失败时间	0.222**	0.220**	0.141*	0.040	0.025	0.097	-0.033	-0.067	0.063	0.038	-0.181**	0.194**	1					
14	先前创业经验	0.032	0.052	0.012	-0.105	0.051	-0.029	0.122	0.050	0.078	-0.033	-0.183**	-0.143*	0.018	1				
15	工作经验_1	-0.058	-0.095	-0.097	0.029	0.017	-0.102	-0.143*	-0.057	-0.069	-0.047	0.086	-0.007	-0.144*	-0.045	1			
16	工作经验_2	-0.025	-0.087	-0.050	-0.050	-0.004	-0.011	0.027	-0.046	-0.012	0.008	0.268**	-0.056	-0.150*	0.017	-0.195**	1		
17	行业经验_1	-0.121	0.049	-0.051	-0.023	-0.035	0.055	0.010	-0.157*	-0.069	-0.122	0.042	-0.050	0.033	0.003	-0.009	0.074	1	
18	行业经验_2	-0.037	-0.081	-0.093	-0.065	-0.101	-0.094	-0.003	0.037	-0.049	-0.030	0.041	0.052	-0.008	0.126	0.042	-0.083	-0.514**	1
	均值	3.590	3.460	3.729	3.888	2.588	2.878	2.318	0.571	0.315	0.724	0.645	0.650	0.724	2.394	0.054	0.399	0.473	0.458
	标准差	0.559	0.612	0.570	0.542	0.690	0.780	0.594	0.496	0.466	0.448	0.480	0.478	0.448	0.654	0.227	0.491	0.500	0.499

注：a. 变量1~7均使用均值数据，变量8内部归因=1，变量9行业类型没有改变=1，变量10男性=1，变量11年龄35岁及以下=1，变量12受教育水平大学本科及以上=1，变量13失败时间1年及以上=1，变量14先前创业经验=创业次数，变量15工作经验_1没有工作经验=1，变量16工作经验_2具有3年及以下的工作经验=1，变量17行业经验_1第三产业=1，变量18行业经验_2信息产业=1；b. *表示P<0.05，**表示P<0.01，双尾检验；c. 样本量N=203。

败时间、先前创业经验显著相关，相关系数分别为 0.194（P<0.01）、–0.143（P<0.05）；失败时间与工作经验_1、工作经验_2显著负相关，相关系数分别为 –0.144（P<0.05）、–0.150（P<0.05）。其他变量间并没有存在显著性的相关关系。除此之外，并没有其他太多的显著相关性，说明各自变量之间的自相关性并不严重，也意味着回归方程中多重共线性问题并不严重。

二、创业学习对创业知识的回归分析

（一）创业学习对机会识别知识的回归分析

创业学习对创业知识的层次回归指标如表 5–16 所示。其中模型 A1 是控制变量对因变量的回归模型，模型 A2 是控制变量、自变量对因变量的主效应模型。首先，分析创业学习对创业知识的关系，在模型 A1 中分析包括创业者的性别、年龄、受教育水平、先前创业经验、工作经验、行业经验及失败时间在内的控制变量对因变量机会识别知识的关系。该模型 R^2 为 0.106，F 值为 2.254（P<0.01），说明控制变量解释总体变异的 10.6%，模型拟合良好。方差膨胀因子（Variance Inflation Factor，VIF）最大值为 1.434，远小于 10，并且 DW 统计量为 1.798，接近于 2，在 1~3 范围内，说明多重共线性问题不严重。

表 5–16　创业学习对创业知识的层次回归结果

因变量	机会识别知识		应对新生劣势知识	
	模型 A1	模型 A2	模型 A3	模型 A4
性别	0.196***	0.090	0.005	–0.036
年龄	–0.025	0.027	–0.137*	–0.117
受教育水平	0.040	0.001	0.029	0.014
失败时间	0.141*	0.148**	0.140*	0.142**
先前创业经验	0.009	0.044	0.054	0.068
行业经验_1	–0.193**	–0.173**	0.093	0.101
行业经验_2	–0.076	–0.045	–0.060	–0.047

续表

因变量	机会识别知识		应对新生劣势知识	
	模型 A1	模型 A2	模型 A3	模型 A4
工作经验 _1	0.079	0.064	−0.126*	−0.131*
工作经验 _2	0.049	0.063	−0.064	−0.059
单环学习		0.180 （0.005）***		0.073 （0.299）
双环学习		0.448 （0.000）***		0.172 （0.015）**
R^2	0.106	0.317	0.103	0.135
调整后的 R^2	0.064	0.278	0.061	0.085
R^2 的调整值	0.106 （0.009）***	0.211 （0.000）***	0.103 （0.011）**	0.032 （0.032）**
F 统计量	2.254 （0.009）***	8.066 （0.000）***	2.467 （0.011）***	2.706 （0.003）***
VIF（max）	1.434	1.452	1.434	1.452
DW	1.798	1.866	1.442	1.372
样本量，自由度	203，9	203，11	203，9	203，11

注：a. 层次回归分析中采用的是强制进入法，表中的系数为标准化系数；b. * 表示 P<0.10，** 表示 P<0.05，*** 表示 P<0.01；c. 工作经验 _1 没有工作经验 =1，工作经验 _2 具有 3 年及以下的工作经验 =1，行业经验 _1 第三产业 =1，行业经验 _2 信息产业 =1。

资料来源：笔者整理（样本量 =203）。

层次回归的结果表明创业者的性别对机会识别知识显著正相关，其标准化系数为 0.196（P<0.01）。说明男性创业者比女性创业者失败后获取的机会识别知识更多。创业失败时间对机会识别知识显著正相关，其标准化系数为 0.141（P<0.1）。说明随着失败时间的推移，创业者获得的机会识别知识逐渐增加。此外，创业者的行业经验 _1 对机会识别知识显著相关，其标准化系数为 −0.193（P<0.05）。说明相对于拥有第一产业和第二产

业经验的创业者，拥有第三产业经验的创业者失败后获取的机会识别知识更少。

模型 A2 是在模型 A1 的基础上加入两个自变量：单环学习和双环学习。模型 A2 的 R^2 为 0.317，R^2 的调整值为 0.211，并且在 0.01 的水平上显著，说明在加入单环学习和双环学习后，模型的解释力显著增加 21.1%，达到 31.7%。整体模型的 F 值为 8.066（P<0.01），说明整体模型在 0.01 的水平上显著。VIF 最大值为 1.452，远小于 10，DW 统计量为 1.866，接近于 2，说明并不存在多重共线性问题。从模型 A2 的回归结果中可以看出，单环学习与双环学习与机会识别知识的标准化回归系数分别为 0.180（P<0.01）、0.448（P<0.01），这说明单环学习和双环学习与机会识别知识显著正相关，假设 1-1 和假设 2-1 均得到支持。

（二）创业学习对应对新生劣势知识的回归分析

模型 A3 是控制变量对因变量应对新生劣势知识的回归模型，模型 A4 是控制变量、自变量对因变量应对新生劣势知识的主效应模型。在模型 A3 中分析控制变量与因变量应对新生劣势知识的关系。该模型 R^2 为 0.103，F 值为 2.467（P<0.01），说明控制变量解释总体变异的 10.3%，模型拟合良好。VIF 最大值为 1.434，远小于 10，DW 统计量为 1.442，介于 1~3 标准范围内，说明多重共线性问题不严重。层次回归的结果表明创业者的年龄对应对新生劣势知识显著负相关，其标准化系数为 -0.137（P<0.1）。说明年龄大的创业者比年龄小的创业者失败后更有助于获取应对新生劣势知识。创业失败时间与应对新生劣势知识显著正相关，其标准化系数为 0.140（P<0.1）。说明随着失败时间的推移，创业者获得的应对新生劣势知识逐渐增加。此外，创业者的工作经验 _1 对应对新生劣势知识显著负相关，其标准化系数为 -0.126（P<0.1）。说明相对于没有工作经验的创业者，拥有工作经验的创业者失败后获取的应对新生劣势知识更多。虽然创业者的性别、受教育水平、先前创业经验和行业经验对应对新生劣势知识的影响并不显著，但也有一定的影响力，因此有必要控制这些

变量。

模型 A4 是在模型 A3 的基础上加入两个自变量：单环学习和双环学习。模型 A4 的 R^2 为 0.135，R^2 的调整值为 0.032，并且在 0.05 的水平上显著，说明在加入单环学习和双环学习后，模型的解释力增加 3.2%，达到 13.5%。整体模型的 F 值为 2.706（P<0.01），说明整体模型在 0.01 的水平上显著。VIF 最大值为 1.452，远小于 10，DW 统计量为 1.372，介于 1~3 标准范围内，说明并不存在多重共线性问题。从模型 A4 的回归结果中可以看出，单环学习、双环学习与应对新生劣势知识的标准化回归系数分别为 0.073（P>0.10）、0.172（P<0.05），这说明单环学习与应对新生劣势知识没有显著正相关，假设 1–2 没有得到支持。双环学习与应对新生劣势知识显著正相关，假设 2–2 得到支持。

根据前面的分析结果，假设 1–1 "创业失败后创业者采用单环学习与获取机会识别知识正相关"得到支持，假设 1–2 "创业失败后创业者采用单环学习与获取应对新生劣势知识正相关"没有得到支持，那么假设 1 "创业失败后创业者采用单环学习与获取创业知识正相关"得到部分支持。假设 2–1 "创业失败后创业者采用双环学习与获取机会识别知识正相关"得到支持，假设 2–2 "创业失败后创业者采用双环学习与获取应对新生劣势知识正相关"也得到支持，那么假设 2 "创业失败后创业者采用双环学习与获取创业知识正相关"得到支持。

（三）单环学习和双环学习对创业知识影响的比较

首先，比较单环学习和双环学习对应对新生劣势知识的差异性影响。由于单环学习与应对新生劣势知识没有显著性正相关，而双环学习与应对新生劣势知识显著性正相关，因此可以说明双环学习比单环学习更有助于获取应对新生劣势知识，假设 3–2 得到支持。其次，比较单环学习和双环学习对机会识别知识的差异性影响。因为单环学习和双环学习对机会识别知识的正相关关系都达到了显著性水平，虽然单环学习与机会识别知识的标准化后的相关系数为 0.180，比双环学习与机会识别知识的标准化后的相关系数 0.448 小，但是并不一定说明双环学习比单环学习更有助于获取机会识别知识。为了更好地检验两个系数之间是否存在显著性差异，我们使用 t 值比较单环学习和双环学习回归系数的显著性差异。

根据 Cohen（1983）对行为科学中多元回归和相关分析的研究，如果对同一个样本中比较两个自变量对因变量影响是否存在显著性差异，一般采用 t 值来检验。基于此，我们计算 t 值来比较两者之间的 β 系数是否存在显著差异，计算公式如下：

$$t = \frac{\beta_X - \beta_V}{SE_{\beta_X - \beta_V}}$$

$$SE_{\beta_X - \beta_V} = \sqrt{\frac{1 - R^2_{Y \cdot XV}}{n - k - 1}(r^{XX} + r^{VV} - 2r^{XV})}$$

$$r^{XX} = \frac{1}{1 - R^2_X}$$

$$r^{VV} = \frac{1}{1 - R^2_V}$$

$$r^{XV} = \frac{-pr_{XV}}{\sqrt{(1 - R^2_X)(1 - R^2_V)}}$$

根据上述公式，将 β_x=0.448，β_v=0.180，$R^2_{Y \cdot XV}$=0.563，pr_{xv}=-0.029，$1-R^2_x$=0.925，$1-R^2_v$=0.912，n=203 和 k=11 代入上述方程，计算出 t 值为 3.86，大于 1.96，说明在 0.05 水平下两者的回归系数存在显著性差异，也就是说双环学习与单环学习对获取机会识别知识存在显著性差异，并且相对于单环学习来说，双环学习更有助于获取机会识别知识，假设 3-1 得到支持。根据前面分析假设 3-2 也得到支持，那么假设 3 "相对于单环学习，双环学习与创业知识正向关系更强"得到支持。

（四）行业转变的调节作用分析

下面分析创业者失败后是否转变行业类型对创业学习和创业知识关系的调节作用。根据失败前后行业类型是否一致将数据分成 2 组，分别进行回归分析，回归结果如表 5-17 所示。

表 5-17　行业转变对创业学习与创业知识关系的调节分析

因变量	机会识别知识		应对新生劣势知识	
	行业一致 （n=139） 模型 B1	行业不一致 （n=64） 模型 B2	行业一致 （n=139） 模型 B3	行业不一致 （n=64） 模型 B4
性别	0.069	0.158	−0.050	−0.026
年龄	0.021	0.022	−0.150*	−0.095
受教育水平	0.047	−0.018	−0.001	0.079
失败时间	0.067	0.305**	0.159*	0.168
先前创业经验	0.088	−0.013	0.143*	−0.021
行业经验_1	−0.248**	−0.088	0.166	−0.029
行业经验_2	−0.112	0.027	0.038	−0.256*
工作经验_1	0.081	0.019	−0.162*	−0.071
工作经验_2	−0.007	0.159	−0.022	−0.079
单环学习	0.136 （0.079）*	0.195 （0.108）	0.003 （0.972）	0.149 （0.296）
双环学习	0.461 （0.000）***	0.370 （0.002）***	0.225 （0.008）***	0.086 （0.534）
R^2	0.299	0.441	0.176	0.212
调整后的 R^2	0.238	0.323	0.104	0.045
R^2 的调整值	0.206 （0.000）***	0.14 （0.003）***	0.047 （0.03）**	0.103 （0.471）
F 统计量	4.915 （0.000）***	3.79 （0.001）***	2.462 （0.008）***	1.269 （0.268）
VIF（max）	1.762	1.512	1.762	1.512
DW	1.895	2.008	1.495	1.368
样本量，自由度	203，11	203，11	203，11	203，11

注：a. 层次回归分析中采用的是强制进入法，表中的系数为标准化系数；b. * 表示 $P<0.10$，** 表示 $P<0.05$，*** 表示 $P<0.01$；c. 工作经验_1 没有工作经验 =1，工作经验_2 具有 3 年及以下的工作经验 =1，行业经验_1 第三产业 =1，行业经验_2 信息产业 =1。

资料来源：笔者整理（样本量 =203）。

首先，检验行业转变对单环学习和创业知识产生的差异性调节作用。在单环学习与机会识别知识的回归关系中，当行业类型没有转变时，其回归系数 0.136，P 值为 0.079，说明单环学习与机会识别知识在 0.1 水平上显著正相关。当行业类型发生转变时，其回归系数为 0.195，但是 P 值为 0.108，没有达到显著性水平，说明单环学习与机会识别知识正相关关系不显著。根据以上分析，说明行业类型没有发生转变时，单环学习对获取机会识别知识更有优势，即假设 4-1 得到支持。同样的方法分析行业转变对单环学习和应对新生劣势知识产生的差异性调节作用。通过分组的回归方程发现，不论行业类型是否发生转变，单环学习对应对新生劣势知识的相关关系都不显著，也就是说行业类型转变在单环学习和应对新生劣势知识关系中没有起到调节作用，即假设 4-2 没有得到支持。

其次，检验行业转变对双环学习和创业知识产生的差异性调节作用。在双环学习与机会识别知识的回归关系中，当行业类型没有转变时，其回归系数为 0.461，P 值为 0.000，说明双环学习与机会识别知识在 0.01 水平上显著正相关。当行业类型发生转变时，其回归系数为 0.370，P 值为 0.002，说明双环学习与机会识别知识在 0.01 水平上显著正相关。为了更好地检验两个系数之间是否存在显著性差异，我们使用 Z 值来比较回归系数的显著性差异。

根据 Cohen 对行为科学中多元回归和相关分析的研究，如果对于两个独立样本比较回归系数是否存在显著性差异，一般采用 Z 值来比较。基于此，我们计算 Z 值来比较两者之间的 β 系数是否存在显著差异，计算公式和说明如下：

$$Z = \frac{\beta_1 - \beta_2}{\sqrt{SE_{\beta_1}^2 + SE_{\beta_2}^2}}$$

$$SE_{\beta_1} = \sqrt{\frac{1 - R_{Y_1}^2}{n_1 - k - 1}} \sqrt{\frac{1}{1 - R_1^2}}$$

$$SE_{\beta_2} = \sqrt{\frac{1 - R_{Y_2}^2}{n_2 - k - 1}} \sqrt{\frac{1}{1 - R_2^2}}$$

根据公式计算出 Z 值为 1.038，通过查 Z 分布表发现显著性水平大于 0.1，也就是说两者不存在显著性差异，即行业类型转变对双环学习与机会识别知识的关系没有起到调节作用，即假设 4-3 没有得到支持。采用同样的方法分析行业转变对双环学习和应对新生劣势知识产生的调节作用。当行业类型没有转变时，其回归系数为 0.225，P 值为 0.008，说明双环学习与应对新生劣势知识在 0.01 水平上显著正相关。当行业类型发生转变时，其回归系数为 0.086，但是 P 值为 0.534，没有达到显著性水平，说明双环学习与应对新生劣势知识正相关关系不显著。根据以上分析，说明行业类型没有发生转变时，双环学习对获取应对新生劣势知识更有优势，即假设 4-4 得到支持。

三、反事实思维对创业学习的回归分析

（一）反事实思维对创业学习的主效应分析

反事实思维对创业学习的主效应回归分析见表 5-18。其中模型 C1 是控制变量对单环学习的回归模型，模型 C2 是控制变量、上行反事实思维对单环学习的回归模型。在模型 C1 中检验包括创业者的性别、年龄、受教育水平和失败时间在内的控制变量与单环学习的关系。该模型 R^2 为 0.070，F 值为 3.698（$P<0.01$），说明控制变量解释总体变异的 7%，模型拟合良好。VIF 最大值为 1.092，远小于 10，DW 统计量为 2.029，接近于 2，这说明多重共线性问题并不严重。层次回归的结果表明创业者的性别对单环学习显著正相关，其标准化系数为 0.118（$P<0.1$）。说明男性创业者比女性创业者失败后更容易进行单环学习。创业者的年龄对单环学习显著负相关，其标准化系数为 -0.164（$P<0.05$）。说明年长的创业者失败后更容易进行单环学习。创业失败时间对单环学习显著正相关，其标准化系数为 0.121（$P<0.1$）。说明随着失败时间的推移，创业者逐渐恢复悲痛情绪，开始进行单环学习。虽然创业者的受教育程度对单环学习的影响并不显著，但也有一定的影响力，因此有必要控制这个变量。

表5-18　反事实思维与创业学习的主效应分析

因变量	单环学习		双环学习	
	模型 C1	模型 C2	模型 C3	模型 C4
性别	0.118^*	0.118^*	0.196^{***}	0.195^{***}
年龄	-0.164^{**}	-0.143^{**}	-0.046	-0.051
受教育水平	-0.003	0.016	0.098	0.071
失败时间	0.121^*	0.110	-0.067	-0.051
上行反事实思维		0.164 $(0.018)^{**}$		-0.059 (0.395)
下行反事实思维				-0.174 $(0.012)^{**}$
R^2	0.070	0.096	0.060	0.093
调整后的 R^2	0.051	0.073	0.041	0.065
R^2 的调整值	0.070 $(0.006)^{***}$	0.026 $(0.018)^{**}$	0.06 $(0.015)^{**}$	$0.033 (0.030)^{**}$
F 统计量	3.698 $(0.006)^{***}$	$4.164 (0.001)^{***}$	3.157 $(0.015)^{**}$	3.347 $(0.004)^{***}$
VIF (max)	1.092	1.106	1.092	1.121
DW	2.029	2.058	2.035	2.071
样本量，自由度	203，4	203，5	203，4	203，6

注：a. 层次回归分析中采用的是强制进入法，表中的系数为标准化系数；b. * 表示 $P<0.10$，** 表示 $P<0.05$，*** 表示 $P<0.01$；c. 自变量、调节变量和因变量都进行了标准化处理。

资料来源：笔者整理（样本量 =203）。

模型 C2 在模型 C1 的基础上加入上行反事实思维。模型 C2 的 R^2 为 0.096，R^2 的调整值为 0.026，并且在 0.05 的水平上显著，说明在加入上行反事实思维后，模型的解释力显著增加 2.6%，达到 9.6%。整个回归模型的 F 值为 4.164（$P<0.01$），说明模型在 0.01 的水平上显著，模型拟合良好。此外，模型的 VIF 最大值为 1.106，远小于 10，DW 统计量为 2.058，介于 1~3 标准范围内，说明不存在多重共线性问题。从模型 C2 的回归结果中可

以看出，上行反事实思维的标准化回归系数为0.164，P值为0.018，这说明上行反事实思维与单环学习在0.05水平上显著正相关，假设5-1得到支持。

模型C3是控制变量对双环学习的回归模型，模型C4是控制变量、反事实思维与双环学习的回归模型。在模型C3中分析包括创业者的性别、年龄、受教育水平和失败时间在内的控制变量与双环学习的关系。该模型R^2为0.060，F值为3.157（P<0.05），说明控制变量解释总体变异的6%，模型拟合良好。VIF最大值为1.092，远小于10，DW统计量为2.035，接近于2，说明多重共线性问题并不严重。层次回归的结果表明创业者的性别对双环学习显著正相关，其标准化系数为0.196（P<0.01）。说明男性创业者比女性创业者失败后更容易进行双环学习。虽然创业者的年龄、受教育水平和失败时间对双环学习的影响并不显著，但也有一定的影响力，因此有必要控制这些变量。

模型C4在模型C3的基础上加入反事实思维，模型C4的R^2为0.093，R^2的调整值为0.033（P=0.03），在0.05的水平上显著，说明在加入反事实思维后，模型的解释力显著增加3.3%，达到9.3%。整个回归模型的F值为3.347（P<0.01），说明模型在0.01的水平上显著，模型拟合良好。此外，模型的VIF最大值为1.121，远小于10，DW统计量为2.071，介于1~3标准范围内，说明不存在多重共线性问题。从模型C4的回归结果中可以看出，下行反事实思维的标准化回归系数为-0.174，P值为0.012，这说明下行反事实思维与双环学习在0.05水平上显著负相关，假设5-3得到支持。上行反事实思维的标准化回归系数为-0.059，P值为0.395，并没有达到显著性水平，说明上行反事实思维与双环学习之间存在负相关，但是没有达到显著性水平，假设5-2没有得到支持。

（二）失败成本的调节作用分析

1. 经济成本的调节作用分析

分析经济成本在上行反事实思维与双环学习关系中的调节作用。模型D1-1是控制变量对因变量的回归模型，为了单独考察经济成本的独特作用，本书对社会成本和心理成本进行控制。模型 D2-1 是控制变量、调节变量和自变量对因变量的主效应模型，模型 D3-1 和模型 D4-1 是分别引入上行反事实思维与经济成本、上行反事实思维与经济成本平方的交互项的全模型。从整体上看，上述四个回归模型均达到统计上的显著性水平，可以对模型进行深入分析，如表 5-19 所示。

表 5-19　经济成本在上行反事实思维与双环学习中的调节

变量	模型 D1-1	模型 D2-1	模型 D3-1	模型 D4-1
性别	0.181**	0.181**	0.193***	0.183***
年龄	−0.075	−0.071	−0.059	−0.067
受教育水平	0.083	0.081	0.092	0.102
失败时间	−0.066	−0.071	−0.074	−0.072
社会成本	0.026	0.033	0.044	0.082
心理成本	−0.185**	−0.199*	−0.177*	−0.178*
上行反事实思维		−0.042 （0.611）	−0.028 （0.734）	0.004 （0.959）
经济成本		−0.026	−0.04	0.016
经济成本 × 经济成本		−0.008	0.065	0.133
上行反事实思维 × 经济成本			−0.198 （0.008）***	−0.209 （0.004）***
上行反事实思维 ×（经济成本）^{2}				−0.216 （0.006）***
R^2	0.087	0.089	0.122	0.156
调整后的 R^2	0.059	0.047	0.076	0.107
R^2 的调整值	0.087 （0.006）***	0.002 （0.934）	0.033 （0.008）**	0.034 （0.006）**
F 统计量	3.117 （0.006）***	2.098 （0.031）**	2.671 （0.004）***	3.202 （0.001）***

续表

变量	模型 D1-1	模型 D2-1	模型 D3-1	模型 D4-1
VIF（max）	1.791	1.932	1.994	2.417
DW	2.026	2.417	2.432	2.432
样本量，自由度	203，6	203，9	203，10	203，11

注：a. 层次回归分析中采用的是强制进入法，表中的系数为标准化系数；b. * 表示 $P<0.10$，** 表示 $P<0.05$，*** 表示 $P<0.01$；c. 自变量、调节变量和因变量都进行了标准化处理。

资料来源：笔者整理（样本量 =203）。

与模型 D2-1 相比较，模型 D3-1 的 R^2 的调整值为 0.033（$P<0.05$），即加入上行反事实思维与经济成本的交互项后，模型的主效应对因变量的解释力增加了 3.3%，说明存在显著的交互效应。从调节方向上看，上行反事实思维与经济成本交互项的回归系数为 -0.198（$P<0.01$），达到显著性水平，说明经济成本和上行反事实思维交互影响双环学习。

与模型 D3-1 相比较，模型 D4-1 的 R^2 的调整值为 0.034（$P<0.05$），即加入上行反事实思维与经济成本平方的交互项后，模型的主效应对因变量的解释力增加了 3.4%，说明存在显著的交互效应。从调节方向上看，上行反事实思维与经济成本平方的交互项的回归系数为 -0.216（$P<0.01$），达到显著性水平，说明经济成本在上行反事实思维与双环学习之间并不仅是线性调节关系，其也起到了非线性的调节作用。因此，假设 7-1 得到支持。

图 5-2 展示的是经济成本在上行反事实思维与双环学习中起到非线性调节作用，从斜率变化可以清晰看出非线性调节效应。如果是低水平的经济成本，则上行反事实思维与双环学习正相关，也就意味着一定水平的经济成本可以激发双环学习。随着经济成本的增加，增加为中等水平的经济成本时，上行反事实思维与双环学习之间呈现出微弱的正向关系。当经济成本较高时，上行反事实思维与双环学习呈现负相关关系。

使用同样的方法分析经济成本在下行反事实思维与双环学习关系中的调节作用。从整体上看，以下四个回归模型均达到统计上的显著性水平，

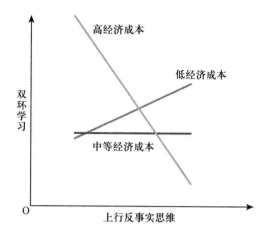

图 5-2　经济成本在上行反事实思维和双环学习关系中的调节作用

可以对模型进行深入分析（见表 5-20）。与模型 E2-1 相比较，模型 E3-1 的 R^2 的调整值为 0.022（P<0.05），即加入下行反事实思维与经济成本的交互项后，模型的主效应对因变量的解释力增加了 2.2%，说明存在显著的交互效应。从调节方向上看，下行反事实思维与经济成本的交互项的回归系数为 −0.166（P<0.05），达到显著性水平，说明经济成本在下行反事实思维与双环学习的关系中起到调节作用，也就是说随着经济成本的增加，恶化了下行反事实思维与双环学习的关系。

表 5-20　经济成本在下行反事实思维与双环学习中的调节

变量	模型 E1-1	模型 E2-1	模型 E3-1	模型 E4-1
性别	0.181**	0.186**	0.191***	0.184**
年龄	−0.075	−0.061	−0.061	−0.068
受教育水平	0.083	0.069	0.056	0.066
失败时间	−0.066	−0.057	−0.043	−0.049
社会成本	0.026	0.073	0.097	0.095
心理成本	−0.185**	−0.167*	−0.190	−0.195*
下行反事实思维		−0.150 （0.043）**	−0.153**	−0.102

续表

变量	模型 E1–1	模型 E2–1	模型 E3–1	模型 E4–1
经济成本		−0.012	−0.009	0.010
经济成本 × 经济成本		−0.005	0.060	0.075
下行反事实思维 × 经济成本			−0.166（0.027）**	−0.136
下行反事实思维 × （经济成本）²				−0.093（0.387）
R^2	0.087	0.107	0.130	0.133
调整后的 R^2	0.059	0.065	0.084	0.083
R^2 的调整值	0.087（0.006）***	0.020（0.233）	0.022（0.027）**	0.003（0.387）
F 统计量	3.117（0.006）***	2.572（0.008）***	2.858（0.002）***	2.663（0.003）***
VIF（max）	1.791	1.932	1.955	2.536
DW	2.026	2.063	2.119	2.117
样本量，自由度	203，6	203，9	203，10	203，11

注：a. 层次回归分析中采用的是强制进入法，表中的系数为标准化系数；b. * 表示 $P<0.10$，** 表示 $P<0.05$，*** 表示 $P<0.01$；c. 自变量、调节变量和因变量都进行了标准化处理。

资料来源：笔者整理（样本量 =203）。

　　与模型 E3–1 相比，模型 E4–1 的方程 R^2 的调整值为 0.003（$P>0.1$），即加入下行反事实思维与经济成本平方的交互项后，模型的主效应对因变量的解释力增加了 0.3%，但没有达到显著性水平。这说明经济成本在下行反事实思维与双环学习关系中是一种线性调节关系，并没有起到非线性调节作用。因此，假设 8–1 没有得到支持。

　　图 5–3 展示的是经济成本在下行反事实思维和双环学习中的调节效应，从斜率变化可以清晰看出调节效应。当经济成本较低时，上行反事实思维与双环学习之间呈现出微弱的正向关系。当经济成本较高时，下行反事实

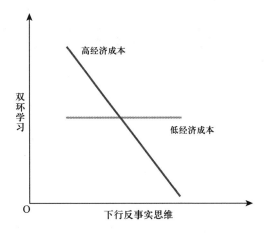

图 5-3　经济成本在下行反事实思维和双环学习关系中的调节作用

思维与双环学习之间呈现负相关关系。这意味着随着经济成本的增加，逐渐恶化下行反事实思维与双环学习的负向关系。

2. 社会成本的调节作用分析

分析社会成本在上行反事实思维与双环学习关系中的调节作用。以下四个回归模型均达到统计上的显著性水平，可以对模型进行深入分析，如表 5-21 所示。

表 5-21　社会成本在上行反事实思维与双环学习中的调节

变量	模型 D2-1	模型 D2-2	模型 D2-3	模型 D2-4
性别	0.182**	0.180**	0.181**	0.187***
年龄	−0.075	−0.075	−0.078	−0.065
受教育水平	0.077	0.076	0.076	0.076
失败时间	−0.069	−0.071	−0.068	−0.039
经济成本	−0.028	−0.035	−0.033	−0.009
心理成本	−0.156**	−0.197*	−0.195*	−0.205*
上行反事实思维		−0.040（0.623）	−0.038（0.643）	−0.019
社会成本		0.036	0.034	0.141

续表

变量	模型 D2-1	模型 D2-2	模型 D2-3	模型 D2-4
社会成本 × 社会成本		0.039	0.050	0.052
上行反事实思维 × 社会成本			−0.024 （0.760）	0.019
上行反事实思维 × （社会成本）^{2}				−0.223 （0.005）***
R^2	0.087	0.091	0.091	0.127
调整后的 R^2	0.059	0.048	0.044	0.077
R^2 的调整值	0.087 （0.006）***	0.003 （0.880）	0.000 （0.760）	0.036 （0.005）***
F 统计量	3.127 （0.006）***	2.134 （0.028）**	1.921 （0.044）**	2.527 （0.005）***
VIF（max）	1.263	1.933	2.431	2.434
DW	2.037	2.419	2.044	2.091
样本量，自由度	203，6	203，9	203，10	203，11

注：a. 层次回归分析中采用的是强制进入法，表中的系数为标准化系数；b. * 表示 $P<0.10$，** 表示 $P<0.05$，*** 表示 $P<0.01$；c. 自变量、调节变量和因变量都进行了标准化处理。

资料来源：笔者整理（样本量 =203）。

与模型 D2-2 相比较，模型 D2-3 的 R^2 的调整值并没有达到显著性水平，从调节方向上看，上行反事实思维与社会成本的交互项的回归系数为 −0.024，但是并没有达到显著性水平。与模型 D2-3 相比，模型 D2-4 的 R^2 的调整值为 0.036（$P<0.01$），即加入上行反事实思维与社会成本平方的交互项后，模型的主效应对因变量的解释力增加了 3.6%，说明存在显著的交互效应。

从调节方向上看，上行反事实思维与社会成本平方的交互项的回归系数为 −0.223（$P<0.01$），达到显著性水平，说明社会成本在上行反事实思维与双环学习之间起到一种非线性的调节作用。因此，假设 7-2 得到支持。

图 5-4 展示了社会成本在上行反事实思维和双环学习中起到的非线性调节作用，从两者斜率变化可以清晰看出非线性调节效应。当社会成本较低时，上行反事实思维与双环学习正相关，也就意味着一定水平的社会成本可以激发双环学习。随着社会成本的增加，当社会成本中等时，上行反事实思维与双环学习之间呈现出微弱的正相关关系。当社会成本较高时，上行反事实思维与双环学习之间呈现负相关关系。

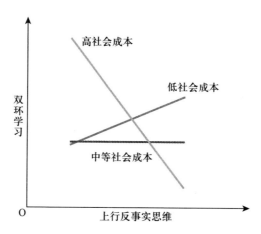

图 5-4　社会成本在上行反事实思维和双环学习关系中的调节作用

分析社会成本在下行反事实思维与双环学习关系中的调节作用。以下四个回归模型均达到统计上的显著性水平，可以对模型进行深入分析，如表 5-22 所示。

表 5-22　社会成本在下行反事实思维与双环学习中的调节

变量	模型 E2-1	模型 E2-2	模型 E2-3	模型 E2-4
性别	0.182**	0.185*	0.184*	0.187***
年龄	−0.075	−0.066	−0.065	−0.066
受教育水平	0.077	0.064	0.064	0.074
失败时间	−0.069	−0.057	−0.058	−0.040
经济成本	−0.028	−0.020	−0.019	−0.003

续表

变量	模型 E2-1	模型 E2-2	模型 E2-3	模型 E2-4
心理成本	-0.156^{**}	-0.166^{*}	-0.166^{*}	-0.193^{**}
下行反事实思维		-0.152 $(0.041)^{**}$	-0.153 $(0.042)^{*}$	-0.020
社会成本		0.077	0.078	0.142
社会成本 × 社会成本		0.044	0.048	0.074
下行反事实思维 × 社会成本			-0.012 (0.878)	-0.036 (0.638)
下行反事实思维 × (社会成本)^2				-0.215 $(0.044)^{**}$
R^2	0.087	0.109	0.063	0.128
调整后的 R^2	0.059	0.067	0.063	0.078
R^2 的调整值	0.087 $(0.006)^{***}$	0.022 (0.202)	0.000 (0.878)	0.019 $(0.044)^{**}$
F 统计量	3.127 $(0.006)^{***}$	2.62 $(0.007)^{***}$	2.348 $(0.012)^{***}$	2.543 $(0.005)^{***}$
VIF（max）	1.263	1.933	1.934	2.454
DW	2.037	2.071	2.070	2.087
样本量，自由度	203，6	203，9	203，10	203，11

注：a. 层次回归分析中采用的是强制进入法，表中的系数为标准化系数；b. * 表示 $P<0.10$，** 表示 $P<0.05$，*** 表示 $P<0.01$；c. 自变量、调节变量和因变量都进行了标准化处理。

资料来源：笔者整理（样本量 =203）。

与模型 E2-2 相比，模型 E2-3 的 R^2 的调整值并没有达到显著性水平，从调节方向上看，下行反事实思维与社会成本的交互项的回归系数为 -0.012，但结果并不显著。与模型 E2-3 相比，模型 E2-4 的 R^2 的调整值为 0.019（$P<0.05$），即加入下行反事实思维与社会成本平方的交互项后，模型的主效应对因变量的解释力增加了 1.9%，说明存在显著的交互效应。

从调节方向上看，下行反事实思维与社会成本平方的交互项的回归系数为 –0.215（P<0.05），达到显著性水平，说明社会成本在下行反事实思维与双环学习之间起到一种非线性的调节作用。因此，假设8-2得到支持。

图5-5展示了社会成本在下行反事实思维和双环学习中起到的非线性调节作用，从两者斜率变化可以看出非线性调节效应。当社会成本较低时，下行反事实思维与双环学习负相关的斜率的绝对值较大，随着社会成本的增加，两者之间的负相关关系逐渐减弱。当社会成本中等时，斜率的绝对值最小意味着下行反事实思维与双环学习的负向关系最弱。当中等水平的社会成本开始增加到较高水平的社会成本时，斜率的绝对值逐渐变大，也就是说随着社会成本增加逐渐恶化了下行反事实思维与双环学习的关系。因此，从整体上来说，随着社会成本的增加，下行反事实思维与双环学习关系呈现出先改善后恶化的趋势。

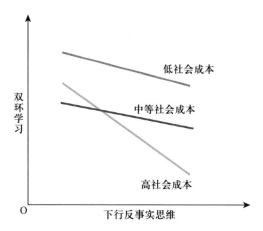

图5-5　社会成本在下行反事实思维和双环学习关系中的调节作用

3. 心理成本的调节作用分析

分析心理成本在上行反事实思维与双环学习中的调节作用。以下四个回归模型均达到统计上的显著性水平，可以对模型进行深入分析，如表5-23所示。

表 5-23　心理成本在上行反事实思维与双环学习中的调节

变量	模型 D3-1	模型 D3-2	模型 D3-3	模型 D3-4
性别	0.191***	0.182**	0.177**	0.176**
年龄	−0.060	−0.073	−0.073	−0.063
受教育水平	0.077	0.079	0.082	0.080
失败时间	−0.073	−0.074	−0.074	−0.049
经济成本	−0.069	−0.040	−0.039	−0.044
社会成本	−0.069	0.041	0.040	0.066
上行反事实思维		−0.035 （0.669）	−0.039 （0.636）	0.003
心理成本		−0.199*	−0.204*	−0.136
心理成本 × 心理成本		0.057	0.034	−0.021
上行反事实思维 × 心理成本			0.036 （0.691）	0.067
上行反事实思维 × （心理成本）²				−0.218 （0.004）***
R²	0.072	0.092	0.093	0.132
调整后的 R²	0.044	0.050	0.046	0.082
R² 的调整值	0.072 （0.022）***	0.020 （0.237）	0.001 （0.691）	0.039 （0.004）***
F 统计量	2.537 （0.022）***	2.177 （0.025）**	1.967 （0.039）**	2.647 （0.004）***
VIF（max）	1.186	2.417	2.458	2.087
DW	2.062	2.044	2.051	2.576
样本量，自由度	203，6	203，9	203，10	203，11

注：a. 层次回归分析中采用的是强制进入法，表中的系数为标准化系数；b. * 表示 $P<0.10$，** 表示 $P<0.05$，*** 表示 $P<0.01$；c. 自变量、调节变量和因变量都进行了标准化处理。

资料来源：笔者整理（样本量 =203）。

与模型 D3-2 相比，模型 D3-3 的 R^2 的调整值为 0.001，并没有达到显著性水平。与模型 D3-3 相比，模型 D3-4 的方程 R^2 的调整值为 0.039（P<0.01），即加入上行反事实思维与心理成本平方的交互项后，模型的主效应对因变量的解释力增加了 3.9%，说明存在显著的交互效应。

从调节方向上看，上行反事实思维与心理成本平方的交互项的回归系数为 -0.218（P<0.01），达到显著性水平，说明心理成本在上行反事实思维与双环学习之间起到一种非线性的调节作用。因此，假设 7-3 得到支持。

图 5-6 展示了心理成本在上行反事实思维和双环学习中起到了非线性调节作用，从两者斜率变化可以清晰看出非线性调节效应。当心理成本较低时，上行反事实思维与双环学习正相关，也就意味着一定程度的心理成本可以激发双环学习。随着心理成本增加，达到中等水平的心理成本时，上行反事实思维与双环学习之间呈现出微弱的正向作用。当心理成本较高时，上行反事实思维与双环学习之间呈现负相关关系。

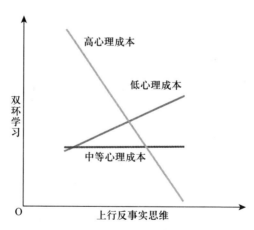

图 5-6　心理成本在上行反事实思维和双环学习关系中的调节作用

分析心理成本在下行反事实思维与双环学习关系中的调节作用。以下四个回归模型均达到统计上的显著性水平，可以对模型进行深入分析，如表 5-24 所示。

表 5-24　心理成本在下行反事实思维与双环学习中的调节

变量	模型 E3-1	模型 E3-2	模型 E3-3	模型 E3-4
性别	0.191***	0.187***	0.187****	0.184***
年龄	−0.060	−0.063	−0.063	−0.063
受教育水平	0.077	0.068	0.068	0.074
失败时间	−0.073	−0.060	−0.060	−0.050
经济成本	−0.069	−0.023	−0.024	−0.042
社会成本	−0.069	0.080	0.079	0.072
下行反事实思维		−0.147 （0.047）**	−0.146 （0.053）*	−0.028
心理成本		−0.170*	−0.170*	−0.133
心理成本 × 心理成本		0.052	0.051	0.025
下行反事实思维 × 心理成本			0.005 （0.944）	−0.007 （0.916）
下行反事实思维 × （心理成本）²				−0.196 （0.035）**
R^2	0.072	0.110	0.110	0.130
调整后的 R^2	0.044	0.068	0.063	0.080
R^2 的调整值	0.072 （0.022）***	0.038 （0.046）	0.000 （0.944）	0.020 （0.035）**
F 统计量	2.537 （0.022）***	2.642 （0.007）**	2.366 （0.012）***	2.598 （0.004）***
VIF（max）	1.186	1.936	1.953	2.018
DW	2.062	2.069	2.067	2.091
样本量，自由度	203，6	203，9	203，10	203，11

注：a. 层次回归分析中采用的是强制进入法，表中的系数为标准化系数；b. * 表示 P<0.10，** 表示 P<0.05，*** 表示 P<0.01；c. 自变量、调节变量和因变量都进行了标准化处理。

资料来源：笔者整理（样本量 =203）。

与模型 E3-2 相比，模型 E3-3 的 R^2 的调整值并没有达到显著性水平。与模型 E3-3 相比，模型 E3-4 的 R^2 的调整值为 0.020（P<0.05），即加入下行反事实思维与心理成本平方的交互项后，模型的主效应对因变量的解释力增加了 2%，说明存在显著的交互效应。

从调节方向上看，下行反事实思维与心理成本平方的交互项的回归系数为 -0.196（P<0.05），达到显著性水平，说明心理成本在下行反事实思维与双环学习之间起到一种非线性的调节作用。因此，假设 8-3 得到支持。

图 5-7 展示了心理成本在下行反事实思维和双环学习中起到的非线性调节作用，从两者斜率变化可以清晰看出非线性调节效应。当心理成本较低时，上行反事实思维与双环学习的斜率为负，随着心理成本的增加，两者之间的负相关关系逐渐减弱。当心理成本为中等水平时，其斜率最大意味着下行反事实思维与双环学习的负相关关系最弱。当心理成本较高时，斜率逐渐变小，也就是说随着社会成本的增加，下行反事实思维与双环学习的关系逐渐恶化。因此，随着心理成本的增加，下行反事实思维与双环学习关系呈现出先减弱后增加的趋势。

使用同样的方法分析经济成本、社会成本、心理成本在上行反事实思维与单环学习中的调节作用，发现各个调节效应都不显著（限于本书篇幅，

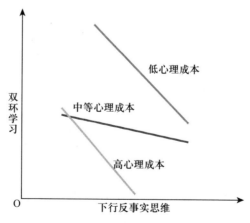

图 5-7　心理成本在下行反事实思维和双环学习关系中的调节作用

具体分析结果文中不再列出），因此假设 6 包括假设 6-1、假设 6-2、假设 6-3 均没有得到支持。

（三）失败归因的调节作用分析

下面分析创业者的失败归因在上行反事实思维和创业学习关系中的调节作用。根据创业者对失败原因的总结对数据进行编码并分为内部归因和外部归因两组数据，分别进行回归分析，回归结果如表 5-25 所示。首先，检验失败归因对上行反事实思维和单环学习关系的调节作用。在上行反事实思维和单环学习回归模型中，当创业者内部归因时，其回归系数为 0.182，P 值为 0.057，说明上行反事实思维和单环学习在 0.1 水平上显著正相关。当创业者外部归因时，其回归系数为 0.118，但是 P 值为 0.276，没有达到显著性水平，说明外部归因对上行反事实思维和单环学习的调节作用不显著。根据以上分析，说明失败归因在上行反事实思维和单环学习关系中起到调节作用，而且相对于外部归因，内部归因更有助于增强上行反事实思维对单环学习的提升作用，即假设 9-1 得到支持。

表 5-25 失败归因在上行反事实思维与创业学习关系中的调节作用

变量	单环学习		双环学习	
	内归因 （n=108） 模型 F1-1	外归因 （n=95） 模型 F1-2	内归因 （n=108） 模型 F2-1	外归因 （n=95） 模型 F2-2
性别	0.112	0.144	0.151	0.292***
年龄	−0.196**	−0.114	−0.173*	0.088
受教育水平	0.109	−0.065	0.050	0.150
失败时间	0.159*	0.043	−0.024	−0.098
上行反事实思维	0.182 （0.057）*	0.118 （0.276）	−0.025 （0.797）	−0.092 （0.386）
R^2	0.130	0.278	0.036	0.124
调整后的 R^2	0.088	0.077	0.017	0.074

续表

变量	单环学习		双环学习	
	内归因 （n=108） 模型 F1-1	外归因 （n=95） 模型 F1-2	内归因 （n=108） 模型 F2-1	外归因 （n=95） 模型 F2-2
R^2 的调整值	0.032 （0.057）*	0.026 （0.276）	0.001 （0.797）	0.007 （0.386）
F 统计量	3.06 （0.013）**	1.493（0.200）	1.378 （0.239）	2.513 （0.036）**
VIF（max）	1.158	1.244	1.158	1.244
DW	2.095	2.168	2.234	1.687
样本量，自由度	203，5	203，5	203，5	203，5

注：a. 层次回归分析中采用的是强制进入法，表中的系数为标准化系数；b. * 表示 $P<0.10$，** 表示 $P<0.05$，*** 表示 $P<0.01$；c. 自变量、调节变量和因变量都进行了标准化处理。

资料来源：笔者整理（样本量=203）。

其次，分析失败归因在上行反事实思维和双环学习之间的调节作用。在上行反事实思维和双环学习回归模型中，当创业者内部归因时，其回归系数为 -0.025，P 值为 0.797，并没有达到显著性水平。当创业者外部归因时，其回归系数为 -0.092，P 值为 0.386，也没有达到显著性水平。这说明内部归因和外部归因时，上行反事实思维和双环学习关系都不显著。根据以上分析，说明失败归因在上行反事实思维和双环学习关系中没有起到调节作用，即假设 9-2 没有得到支持。

最后，分析失败归因对下行反事实思维与双环学习关系的调节作用。在下行反事实思维与双环学习回归模型中，当创业者进行内部归因时，其回归系数为 -0.098，P 值为 0.311，没有达到显著性水平，说明下行反事实思维与双环学习负相关关系不显著（见表 5-26）。当创业者进行外部归因时，其回归系数为 -0.260，P 值为 0.010，说明下行反事实思维与双环学习在 0.05 水平上显著负相关。根据以上分析，说明失败归因在下行反事实思维和双环学习关系中起到调节作用，并且相对于内部归因，外部归因恶化下行反事实思维和双环学习的负向关系，也就是说外部归因时创业者采取下行反事实思维更不利于双环学习，即假设10得到支持。

表5-26　失败归因在下行反事实思维与双环学习关系中的调节作用

变量	双环学习	
	内部归因（n=108） 模型 F3-1	外部归因（n=95） 模型 F3-2
性别	0.152	0.273***
年龄	−0.171*	0.098
受教育水平	0.051	0.096
失败时间	−0.010	−0.111
下行反事实思维	−0.098 （0.311）	−0.260 （0.010）**
R^2	0.072	0.179
调整后的 R^2	0.027	0.133
R^2 的调整值	0.009 （0.311）	0.063 （0.010）
F 统计量	1.585 （0.171）	3.894 （0.003）***
VIF（max）	1.137	1.165
DW	2.255	1.825
样本量，自由度	203，5	203，5

注：a. 层次回归分析中采用的是强制进入法，表中的系数为标准化系数；b. * 表示 $P<0.10$，** 表示 $P<0.05$，*** 表示 $P<0.01$；c. 自变量、调节变量和因变量都进行了标准化处理。

资料来源：笔者整理（样本量 =203）。

四、检验结果与发现

实证检验的结果如图5-8所示，其中实线箭头表示假设得到验证，虚线箭头表示两变量之间的关系假设被拒绝。

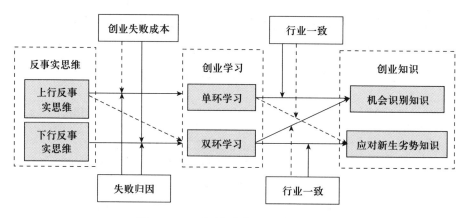

图 5-8　研究模型中假设检验结果

注：实线箭头表示假设得到验证，虚线箭头表示假设被拒绝。

从实证结果可以看出反事实思维影响创业学习方式的选择，其中创业失败成本和失败归因起到调节作用。创业学习方式不同导致获取不同的创业知识，当失败前后行业类型一致时这种正相关关系更强。

通过数据分析我们发现，失败后创业者采用单环学习更有助于获取机会识别知识，而双环学习有助于获取机会识别知识和应对新生劣势知识，相对于单环学习，双环学习与创业知识正向关系更强（见表 5-27）。行业转变在单环学习和机会识别知识关系中、双环学习和应对新生劣势知识中起到调节作用，失败后创业者不转换行业类型更有助于获取创业知识。

表 5-27　本书研究验证结果汇总

假设 1：创业失败后创业者采用单环学习与获取创业知识正相关	部分支持
假设 1-1：创业失败后创业者采用单环学习与获取机会识别知识正相关	支持
假设 1-2：创业失败后创业者采用单环学习与获取应对新生劣势知识正相关	拒绝
假设 2：创业失败后创业者采用双环学习与获取创业知识正相关	支持
假设 2-1：创业失败后创业者采用双环学习与获取机会识别知识正相关	支持

续表

假设2-2：创业失败后创业者采用双环学习与获取应对新生劣势知识正相关	支持
假设3：相对于单环学习，双环学习与创业知识正向关系更强	支持
假设3-1：相对于单环学习，双环学习与机会识别知识正向关系更强	支持
假设3-2：相对于单环学习，双环学习与应对新生劣势知识正向关系更强	支持
假设4：行业转变对创业学习与创业知识关系产生调节作用，相对于行业转变，没有转变行业的创业学习和创业知识关系更强	部分支持
假设4-1：创业失败后相对于行业转变，没有转变行业的单环学习与机会识别知识关系更强	支持
假设4-2：创业失败后相对于行业转变，没有转变行业的单环学习与应对新生劣势知识关系更强	拒绝
假设4-3：创业失败后相对于行业转变，没有转变行业的双环学习与机会识别知识关系更强	拒绝
假设4-4：创业失败后相对于行业转变，没有转变行业的双环学习与应对新生劣势知识关系更强	支持
假设5-1：创业失败后创业者的上行反事实思维与单环学习正相关	支持
假设5-2：创业失败后创业者的上行反事实思维与双环学习正相关	拒绝
假设5-3：创业失败后创业者的下行反事实思维与双环学习负相关	支持
假设6：随着创业失败成本的增加，上行反事实思维与单环学习的正向关系呈现先增强后减弱的趋势，即创业失败成本在上行反事实思维与单环学习关系中起非线性调节作用	拒绝
假设6-1：经济成本在上行反事实思维与单环学习关系中起非线性调节作用	拒绝
假设6-2：社会成本在上行反事实思维与单环学习关系中起非线性调节作用	拒绝
假设6-3：心理成本在上行反事实思维与单环学习关系中起非线性调节作用	拒绝

续表

假设 7：随着创业失败成本的增加，上行反事实思维与双环学习的正向关系呈现先增强后减弱的趋势，即创业失败成本在上行反事实思维与双环学习关系中起非线性调节作用	支持
假设 7-1：经济成本在上行反事实思维与双环学习关系中起非线性调节作用	支持
假设 7-2：社会成本在上行反事实思维与双环学习关系中起非线性调节作用	支持
假设 7-3：心理成本在上行反事实思维与双环学习关系中起非线性调节作用	支持
假设 8：随着创业失败成本的增加，下行反事实思维与双环学习的负向关系呈现先减弱后增强的趋势，即创业失败成本在下行反事实思维与双环学习关系中起非线性调节作用	支持
假设 8-1：经济成本在下行反事实思维与双环学习关系中起非线性调节作用	拒绝
假设 8-2：社会成本在下行反事实思维与双环学习关系中起非线性调节作用	支持
假设 8-3：心理成本在下行反事实思维与双环学习关系中起非线性调节作用	支持
假设 9：内部归因正向调节上行反事实思维与创业学习的关系	部分支持
假设 9-1：内部归因正向调节上行反事实思维与单环学习的关系	支持
假设 9-2：内部归因正向调节上行反事实思维与双环学习的关系	拒绝
假设 10：外部归因负向调节下行反事实思维与双环学习的关系，也就是说外部归因恶化下行反事实思维与双环学习的负向关系	支持

失败后创业的上行反事实思维有助于诱发单环学习，而下行反事实思维抑制双环学习。同时，社会成本和心理成本在下行反事实思维与双环学习关系中起到非线性调节作用。有意思的是，研究还发现上行反事实思维并不能诱发双环学习，只有在一定条件下才能诱发。较低的创业失败成本与上行反事实思维交互作用可以诱发双环学习，但是超过一定临界值后，

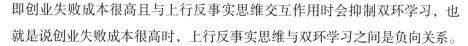

即创业失败成本很高且与上行反事实思维交互作用时会抑制双环学习，也就是说创业失败成本很高时，上行反事实思维与双环学习之间是负向关系。

本书还分析失败归因的调节作用，相对于外部归因，内部归因正向调节上行反事实思维与单环学习的关系，而外部归因负向调节下行反事实思维与双环学习的关系。

第四节 实证结果讨论与分析

失败情境下创业学习研究较多关注学习过程和学习内容，较少关注学习方式，而学习内容和学习效果的差异来源于学习方式的不同。本书重点分析不同学习方式的后果及来源，并依托数据调查进行相关假设检验，得出一些有趣的研究发现。本节将结合数据发现、理论分析及新时代背景下创业失败的现实状况，对各变量间的作用关系、内在机理及触发的思考进行深入讨论，重点对创业学习、创业知识与后续创业绩效关系，以及反事实思维、创业学习与创业失败成本间的关系进行分析。

一、失败情境下创业学习、创业知识与后续创业绩效的关系分析

（一）创业学习与创业知识的关系讨论

创业者的创业知识来源于学习，创业者通过不同的学习方式获取不同的创业知识。在组织学习研究中，March（1991）率先通过对探索式学习和利用式学习方式的界定，区分出不同学习方式对获取不同类型知识及获取知识效率的差异，进而将组织学习方式及其成效进行了可操作化度量。在创业学习领域，学者们也开始借鉴经验学习和组织学习的研究成果划分出不同的创业学习方式，并尝试分析不同方式的创业学习其作用的途径、获取知识的效率和类型的差异。Politis（2005）研究发现，在一般的创业情境中创业者采用探索式学习有助于积累识别和利用创业机会方面的知识；采

用开发式学习有助于积累应对新生劣势方面的知识。创业学习是创业者积累创业知识和进行意义构建的过程，往往受多种因素影响，因此呈现出情境化的特征。本书聚焦于失败情境下创业学习方式的选择，借鉴经验学习理论并根据创业失败的独特性，按照失败后创业者对相关信息获取和转换方式的不同，将失败情境下创业学习方式区分为单环学习和双环学习。同时，借鉴组织学习中测量单环学习和双环学习量表并根据创业失败情境进行修正，开发的量表具有较好的信度和效度，证明这种学习方式划分的合理性，能够很好地描述和区分失败后创业者采取学习方式的差异性。创业失败后创业者既可能采取单环学习，也可能采取双环学习，使用数据分析发现，从整体上来说失败后创业者采取单环学习的均值为 66.68，双环学习的均值为 47.61[①]，这说明创业者经历失败后更多地采用单环学习方式，较少地采用双环学习方式。

先前研究认为创业者失败后会采取双环学习帮助其获取创业知识（Cope，2010），但没有承认单环学习对创业知识的作用，同时也没有刻画双环学习对获取创业知识的作用机制。本书深化先前的研究成果，认为创业者经历失败后采取单环学习，也就是说在现有的价值系统及行动框架内纠正或调适行为策略以改变现状的学习行为，有助于创业者获取机会识别知识。但是，"创业失败后创业者采用单环学习与获取应对新生劣势知识正相关"的假设并没有得到支持，这可能是因为失败后创业者在现有的价值系统及行动框架内收集和关注与不良绩效相关的失败信息，并通过主动试验纠正或调适已有行为来改变现状，并没有重新审视未来的创业环境、企业发展战略及自身的能力，对如何有效管理新企业的基本假设和价值观没有改变，导致失败后创业者还使用原有的管理理念和模式，因此可能导致应对新生劣势知识没有显著性增加。

---

① 为了便于理解，将单环学习和双环学习因子得分值转化成一个最低分为 0、最高分为 100 的分值，分值越高，则表示学习水平越高。计算方法为：（因子最小值 – 因子值）÷（因子最小值 – 因子最大值）× 100。

　　实证研究发现失败后创业者采取双环学习有助于机会识别知识和应对新生劣势知识的增加。这意味着创业者失败后更新认识或者重新定义企业目标和发展战略，用批判性眼光审视其行动战略背后的基本逻辑，通过对造成现状的原因进行反思，挑战既有的心智模式和行动逻辑，这种学习效率更高，在将来的创业实践中表现更好，有助于提升未来创业活动的创业绩效。创业活动面临更突出的不确定性和资源约束问题，这种不确定性在互联网环境下尤其加剧。互联网的去中心化表面上是信息的丰富和对称，但迫于速度和快速反应的压力及缺乏深度思考而加剧了复杂性和不确定性。在这种新时代背景下，创业者为了应对日益加剧的不确定性，需要学会低成本的快速失败，并不断迭代更新学习模式，适应快速变化的环境，从失败中吸取经验与教训，及时纠正创业过程中的偏误，预见并处理即将到来的威胁，大胆实验与尝试，持续创新，建立灵活的、适应性的心智模式。

　　双环学习比单环学习对失败的反思更为深化也更为强烈，双环学习通过质疑已有价值观和心智模式，通过更多的反思、探寻、试验等活动拓展甚至颠覆已有的认知和知识，有助于发展新的认知，学习到的知识体系和框架会发生很大变化，这有利于提升获取知识的深度和广度，有助于创业者获取更多有价值的创业知识。以创业者经历失败后的创业学习方式差异性来解释创业知识增加路径与作用机理，归纳经历失败后创业知识提升的内在规律，这有助于深化先前的研究成果。

　　行业经验为创业者在某个行业内创业提供隐性知识和信息、角色熟悉度和社会网络关系等（龙丹等，2013）。Eggers 等（2008）通过实证研究发现创业者失败后更有可能改变行业类型，不利于其在原来行业的深度学习，该项研究设计是对比拥有先前创业成功经历与失败经历的创业者，本书在此基础上深化了该项研究，通过细致比较拥有创业失败经历的创业者，在改变行业类型和不改变行业类型的背景下，分析创业学习方式与效果的差异性。本书实证研究发现失败后相对于行业转变，没有转变行业的单环学习与机会识别知识关系更强，双环学习与应对新生劣势知识关系更强。也就是说创业失败后相对于转换行业类型，没有转换行业的创业者通过单环学习积累更多的行业经验，能够更快更准确地识别创业机会；通过双环学习获取的管理知识具有更好的迁移性和适应性，降低创业者对未来不确定性的把控，提升新企业的存活率。

（二）创业知识与后续创业绩效的关系讨论

组织的成败取决于组织是否有能力从新的角度看待事物，并形成新的认知和新的行为模式（阿吉里斯和舍恩，2011）。对于新创企业，创业者的认知模式和行为直接决定了新企业的未来发展潜力。创业者利用先前失败更新已有认知模式的能力会影响其随后新创企业的成长。失败后创业者所获得的创业知识是否有助于后续创业企业的成长呢？我们不应过高地估计从失败中学习的价值，失败学习到底有没有意义，关键在于从失败中习得的知识能不能在未来产生实际效果。已有学者开始关注并从不同视角研究失败情境下创业学习对后续创业企业绩效和成长的影响（Peng et al.，2010，2015；Jenkins，2012；Eggers and Lin，2015）。他们采用实证方法研究失败后创业者内部归因、内部创业动机与再创业成长的关系，比较失败后行业转换与否与再创业绩效的关系，其分析逻辑为失败后创业者进行内部归因、具有内部创业动机及不转换行业类型时，其能够更加理性客观地分析失败原因，并积极修正自身行为使其从失败中学习得更多，进而提升再创业企业的绩效。他们的研究设计和逻辑推导中隐含学习与再创业绩效的正相关关系，但是并没有使用数据印证这些隐含假设，也没有细致刻画创业学习如何影响后续创业绩效。为弥补这个空白，本书进一步分析失败后创业者获得创业知识对后续创业绩效的影响，证明不同创业知识对创业绩效的影响差异，进而细致刻画不同创业学习方式的重要性。

本书运用数据具体分析创业知识的不同维度对后续创业绩效的关系。其中，企业绩效采用相对绩效，包括与本地同行业平均水平的比较，具体有新员工数量增长速度、销售额增长速度、市场份额年均增长率、利润的年均增长率，采用李克特5级量表，分别为"较大低于、有点低于、等同

于、有点高于、高于"。对绩效探索性因子分析的 KMO 值为 0.817，Bartlett
球形检验的近似卡方值为 455.843，显著性水平为 0.000，累计方差贡献率
为 71.113%，信度系数为 0.877，最小载荷值为 0.724，因此企业绩效的测
量具有较好的信度和效度。创业知识对再创业绩效的回归分析结果如表
5-28 所示。在控制企业成立时间、企业规模、失败类型、行业改变及抽样
地区后，由模型 G2 可以看出，机会识别知识对后续创业绩效的标准化系数
为 0.093，P 值为 0.186，并没有达到显著性水平，而应对新生劣势知识对
后续绩效的标准化系数为 0.177，P 值为 0.012，达到显著性水平。这说明
创业者经历失败后获取的应对新生劣势知识对后续创业企业成长具有更重
要的作用。为了更细致刻画机会识别知识对后续创业绩效的作用，本书增
加了另外两个解释变量，分别为"机会识别数量"和"机会开发数量"。从
回归模型 G3 可以看出，机会识别数量与后续创业绩效显著正相关，其中标
准化的系数为 0.230（P=0.004），而机会开发数量与后续绩效之间呈负相关
关系，但是没有达到显著性水平。这也意味着创业者经历失败后，识别机
会数量有助于后续创业绩效，但如果在机会开发中不恰当投入和分配资源，
可能会影响后续新创企业的绩效发展。

表 5-28　创业知识对再创业绩效的回归分析

变量	模型 G1	模型 G2	模型 G3
企业成立时间	−0.084	−0.084	−0.048
企业规模	−0.267***	−0.245***	−0.204***
失败时间	0.148**	0.122*	0.126*
失败类型	0.064	0.049	0.077
行业改变	−0.071	−0.045	−0.063
地区 _1	−0.088	−0.019	−0.055
地区 _2	−0.178*	−0.125	−0.197*
机会识别知识		0.093 （0.186）	0.067 （0.334）
应对新生劣势知识		0.177 （0.012）***	0.164 （0.025）**

续表

变量	模型 G1	模型 G2	模型 G3
机会识别数量			0.230 （0.004）***
机会开发数量			−0.036 （0.656）
R^2	0.147	0.180	0.219
调整后的 R^2	0.116	0.141	0.173
R^2 的调整值	0.147	0.033 （0.023）	0.072 （0.002）
F 统计量	4.738 （0.000）***	4.821 （0.000）***	4.808 （0.000）***
VIF（max）	2.141	2.233	2.419
DW	1.962	1.942	1.925
样本量，自由度	203，7	203，9	203，11

注：a. 层次回归分析中采用的是强制进入法，表中的系数为标准化系数。b. * 表示 $P<0.10$，** 表示 $P<0.05$，*** 表示 $P<0.01$。c. 企业成立时间 3 年及以下 =0，3 年以上 =1；企业失败时间 1 年及以上 =1，1 年以下 =0；失败类型"资不抵债"=0，其他 =1；行业一致 =0，行业改变 =1；地区 _1 深圳 =1，地区 _2 北京 =1。

资料来源：笔者整理（样本量 =203）。

在互联网行业创业，机会识别知识和应对新生劣势知识哪一个对后续创业更重要？根据模型 G2 可知，应对新生劣势知识对后续企业绩效更加重要。根据模型 G3 可知，失败以后能够识别的机会数量对后续企业绩效也有重要的作用。为了检验企业在不同发展阶段是否需要不同的创业知识，本书根据目前企业成立时间将 203 个样本划分为两个阶段，其中企业成立时间为 2 年及以下的样本为 95 个，成立时间为 2 年以上的样本为 107 个（缺失一个样本）。两组分别进行回归分析，其中控制变量主要包括企业层面和个人层面的变量，企业层面的变量包括企业成立时间、企业规模、失败类型、行业改变及抽样地区；创业者层面的变量包括创业者的性别、年龄、受教育程度、创业次数等，回归结果显示，企业成立时间在 2 年及以下的样本，机会识别知识与后续创业绩效的标准化系数为 0.014（P=0.897），并没有达到显著性水平，而应对新生劣势知识与后续创业绩效的标准化系数为 0.182（P=0.098），也就是说在 0.1 水平上达到显著正相关。企业成立时间在 2 年以上的样本，机会识别知识与后续创业绩效的标准化系数为 0.203（P=0.056），应对新生劣势知识与后续创业绩效的标准化系数为 0.221（P=0.034）。这意味着在企业成立的前 2 年内，应对新生劣势知识对新企业绩效更加重要，而随着企业成长，机会识别知识和应对新生劣势知识对企业绩效同样重要。

二、失败情境下反事实思维在创业学习中的角色分析

（一）失败情境下反事实思维差异性

要解释人类行为，推理和因果关系是核心概念。人类运用推理来判断正在发生什么，并且设计行动计划，其中因果关系起到关键作用，因为人类行动意在取得效果，反过来，效果要求个体在判断、设计和实施时，要有"如果 A……那么 B……"的逻辑思维。创业者会有某种潜在假定：能够持续产生预期结果的行动才是有效行动。这就可能隐含如下因果推理：如果我以某种方式行动，那么这个就会发生，那个就不会发生。在特定条件下，做出如此预测的因果模式会持续存在。创业失败是创业实际结果与创业者预期目标的不一致，也就意味着创业者先前行动的无效，但是这种意外经验促使创业者重新思考和修正因果关系，从新的角度观察、思考和行动。

反事实思维的理论基础"范例说"认为，个体会依据过去经验形成对某类事物或事件的参照性知识和预期，当新的刺激与个体心目中的"范例"不符合时，个体会产生不适应感，往往引发反事实思维，基于对已发生事件的否定假设做进一步推理。创业失败是创业者未达成目标而对企业的终止或退出企业管理活动，也就是说由于创业的实际结果与创业者预期目标偏离，这种偏离导致的意外的、负向的结果更易引发创业者的反事实思维。

173

本书发现失败后创业者会较多采取反事实思维，其中上行反事实思维均值为 51.32，下行反事实思维均值为 53.12。[①] 同时，本书还发现先前创业成功次数、失败时间间隔、失败类型及创业者受教育程度等因素，显著影响创业者采取上行反事实思维和下行反事实思维的频率。在反事实思维被引入创业领域研究初期，学者们主要关注创业者和非创业者在反事实思维数量方面的差异，试图解答创业者比非创业者较多（还是较少）进行反事实思维。由于样本选择的不同，研究结论并不一致（Baron，2000；Markman et al.，2002）。本书研究使用失败后再次创业的个体样本，分析其反事实思维数量、方向及其差异，并讨论反事实思维方向对后续创业行为的影响，深化先前的研究成果。

一些前沿研究描述了创业过程中价值设计的迭代过程，这种迭代过程在网络及不确定性环境下变得更加普适和重要。尽管迭代过程的行为逻辑并不模糊，但如何针对迭代过程快速解读复杂信息并形成准确判断的解释逻辑并不清晰，导致在现实中创业者尽管感觉到迭代过程很重要，但又难以理性掌控和把握。精益创业思想是埃里克·莱斯根据其在互联网行业创新创业的经验总结而形成，提出创业者要想提高成功率，应该要学会快速、低成本的失败。虽然基于实践能够提炼出一些具有可操作性的步骤，但其背后的逻辑关系仍需在理论层面上予以解释和推导。创业者经历失败后，通过反事实思维对其他可能性进行反思，不断尝试将可能改变状况的举措及其结果联系起来，这其实是一个不断迭代的过程。因此，将反事实思维引入创业失败情境中，为更好解释失败后如何快速解读复杂信息、采取行动，以及不断迭代更新创业行动策略找到一个理论把手。

（二）失败情境下反事实思维与创业学习关系

反事实思维就是对已发生事件的否定假设做进一步推理的思维过程，

---

① 为了便于理解，将上行反事实思维和下行反事实思维因子得分值转化成一个最低分为 0、最高分为 100 的分值，分值越高，则表示反事实思维水平越高。计算方法为：（因子最小值－因子值）÷（因子最小值－因子最大值）×100。

帮助创业者对已经发生的失败事件有更清晰的认知，深刻理解失败过程中各种"行为—结果"的因果推断，修正已有失效的因果推断，更新自己的认知体系，为未来各种可能性的构建做准备（Roese，1994）。同时，反事实思维基于对过去结果的重新构建，提供不同于失败事实的其他可能性而改变个体的情绪体验，使个体感觉更好或者更糟（Roese，1994）。

学者们提出大多数意料外的、不利的、负面的事件更能够激发个体的反事实思维（Roese and Olson，1997），创业失败基本上具备上述特征，因此为研究反事实思维提供了一个很好的情境。个体的反事实思维受多种因素的影响，如个体的人格特征、经历及其社会网络关系都会影响其反事实思维的广度和深度。心理学中的研究设计多数在实验室内采用虚拟的场景测试反事实思维方向、内容及其对后续行为的影响路径，而且被试者多数为在校大学生。本书研究情境为现实客观环境，被试者为拥有创业失败经历的创业者，反事实思维对象为创业失败经历，这样的研究设计外部效度较高。将心理学中的测量量表修正后用于测量创业失败情境下创业者的反事实思维，丰富了该量表的适用范围。

从研究内容上看，本书通过实证调研数据分析失败后创业者的反事实思维对创业学习的影响路径和边界条件，丰富和深化了反事实思维准备功能和情绪功能的研究成果，也验证了心理学提出的"并不是所有类型的反事实思维都能够导致学习"的结论。本书将心理学中的反事实思维引入创业失败研究中，考察这种思维方式对创业者失败后信息获取和转换的影响，剖析了创业者对失败事件意义构建差异性的根源在于创业者失败后采取反事实思维方式的倾向性不同，从思维层面上分析了失败后创业者负向情绪差异性的原因，这对应了先前的研究成果，即不是创业失败的实际客观损失，而是创业者对失败损失的解读和评估导致负面情绪（Jenkins et al.，2014）。本书丰富和深化了悲痛恢复理论，从认知和情绪互动视角重新解读了创业者对失败经验解读的重要性。

上行反事实思维通过面向未来思考构建出更好的行动方案进而改善

结果，以收益和提高为目标导向。创业者失败后通过思考对比不同的"行为—结果"方案，即采取上行反事实思维，来促进单环学习的发生。但是，上行反事实思维与双环学习的正相关假设没有得到支持。根据实证分析还发现只有在一定程度的创业失败成本基础上的上行反事实思维才能引发双环学习，这意味着一定程度的"伤痛"和负面情绪能够激发和促进创业者深度反思和学习。

下行反事实思维通过关注"未来不能够怎么做"以避免更糟糕的结果，其以规避损失为导向。失败后创业者采取下行反事实思维来假设一种比事实可能更坏、更糟的结果或情境，能使个体意识到避免了可能更坏的结果，能够帮助个体诱发积极的正向情绪。但是这样的下行反事实思维也可能会付出一定的代价，如抑制了双环学习产生的可能性。本书证明了下行反事实思维与双环学习之间存在显著的负相关关系。失败后创业者为减少负向情绪，维护其自尊心，更容易向下比较。

三、反事实思维、创业失败成本与创业学习关系分析

本书发现创业失败成本在反事实思维与创业学习关系中起到非线性调节作用，说明了创业失败成本具有的"双元"特性，一定程度的创业失败成本能够激发上行反事实思维对双环学习的作用，但是过高的创业失败成本抑制了其对双环学习的作用。这意味着反事实思维和创业失败成本的匹配程度影响创业学习，也就是说在不同的创业失败成本条件下需要采取不同的反事实思维方式，进而达到最佳的创业学习效果。对于这一话题的讨论，Shepherd 提出三种策略可以帮助我们达到最佳的学习成果。这三种策略分别为反思策略，主要目的是还原失败经过，处理与失败相关的信息；恢复策略，将创业者的注意力从消极情绪中分散、转移，尝试缓解压力；交替策略，即反思策略和恢复策略交替运用，可以发挥两种策略各自的优势，最大限度地避免各自的弊端，将创业者的情绪调整到有利于学习的最佳状态。Shepherd 提出的三种策略既关注了创业者失败后的情绪恢复，也

考虑了对失败信息的处理和加工。本书通过反事实思维的情绪功能和准备功能推导得出的结论，一方面丰富和深化了 Shepherd 提出的三种策略，为后面的研究提供了思维层面的操作技巧和策略；另一方面从理论和实践层面解释创业者在不同条件下采用恢复策略或者反思策略的原因。

　　创业失败成本是创业失败情境独特性的主要体现，也是学者们关注较多的主题。应对不同的创业失败成本可能需要不同的策略。对于如何管理创业失败成本，Singh 等（2007）提出"问题聚焦型"的应对策略往往被用来管理经济成本，而"情感聚焦型"的策略通常被用来解决心理成本。本书发现相对而言比较客观的经济成本和主观偏向的社会成本和心理成本在反事实思维与创业学习关系中的调节作用存在较大差异。先前也有研究表明并不是创业失败的实际客观损失，而是创业者对失败损失的解读和评估导致个体负向情绪的差异（Jenkins et al.，2014），这也从侧面说明为何对于经济损失差不多的创业失败，其带给创业者的心理成本和社会成本可能存在极大差异。本书研究发现一定水平的经济成本在下行反事实思维与双环学习中起到正向调节作用，而心理成本和社会成本在上述关系中起到非线性调节作用。这也意味着一定水平的经济成本一直会稳定地抑制下行反事实思维对双环学习的负向作用，而心理成本和社会成本的高低对下行反事实思维与双环学习的调节作用也不同，当心理成本和社会成本很高时，恶化了两者的负向关系；随着成本降低，一定程度上缓解了两者的负相关关系。

第六章 结论与展望

本章主要总结本书的研究结论，提炼可能的创新点，归纳本书对理论和实践的启示，并指出研究不足以及未来的研究方向。

第一节 主要结论

本书紧扣"双创"时代背景，分析失败情境下创业学习机制，探讨反事实思维、创业学习与创业知识的关系，论证失败后创业者从思维改变到学习方式选择再到知识增加的路径和边界条件，并运用实证数据检验理论模型和研究假设。具体而言，本书的研究结论主要有四个方面。

一、失败情境下创业者通过单环学习和双环学习获取创业知识

创业者如何学习一直是创业研究关注的核心问题。学者们从不同视角展开研究并构建理论模型，创业学习研究呈现出多样性和离散化特征。随着研究的深入，对这一问题的讨论开始与创业过程的具体阶段和任务情境联系起来，探讨不同学习方式对创业知识、创业行为和创业绩效的差异性影响。创业失败具有多发性、常见性、危害性的特征，所以逐渐成为深化创业学习研究的重要切入点，成为联结创业学习研究情境化和创业失败研究微观化的重要桥梁。本书将创业学习界定为获取、转换信息并创造知识的过程，从创业学习方式差异性角度解答创业者失败后如何学习的问题，

借鉴组织学习理论并根据创业失败的独特性，按照失败后创业者对相关信息获取和转换方式的不同，将失败情境下创业学习方式区分为单环学习和双环学习。其中，单环学习是创业者失败后在现有的价值系统及行动框架内纠正或调适行为策略以改变现状，不改变行动理论背后的价值观；双环学习是创业者失败后更新认识或者重新定义企业目标和发展战略，用批判性眼光审视其行动战略背后的基本逻辑，挑战既有的心智模式和行动逻辑，强调对造成现状的原因反思。

本书借鉴组织学习中测量单环学习和双环学习量表并根据创业失败情境进行修正，开发的量表具有较好的信度和效度，证明这种学习方式划分的合理性，能够很好地描述和区分失败后创业者采取学习方式的差异性。根据数据分析发现，失败后创业者采取单环学习的频率远大于双环学习，这说明虽然失败往往刺激创业者改变信息收集方式及信息处理和加工方式，但是收集更多高质量的失败信息并进行创造性的信息转换并不是每个人都具备的能力，受很多因素制约。此外，也丰富和拓展了先前的研究成果，先前研究认为创业者失败后会采取双环学习帮助其获取创业知识（Cope，2010），没有说明单环学习对创业知识的作用。本书分析失败后创业者较大概率会采取如单环学习等低水平的学习方式，而且这种学习方式对创业知识获取也具有重要的影响。

二、创业学习方式影响创业知识获取的类型和效率

本书还比较了创业学习方式发挥作用的途径、获取创业知识效率的差异。本书发现失败后创业者采取单环学习有助于获取机会识别知识，同时在失败后没有转换行业类型的情况下，这一关系得到正向强化。精益创业思想认为要想快速低成本的失败，需要遵循"想法—开发—测试—认知—新想法"的迭代过程，具体来说创业者基于某一想法采取行动，然后观察市场反应，发现结果不理想后及时修正认知、积累经验并在此基础上测试新的想法，这其实就是对创业想法或创业机会不断识别和评估的过程，这

种小步迭代有助于增加机会识别知识。失败后创业者采取单环学习，通过对无效行为和想法的不断修正再测试，累积更多识别和评估机会的新信息，以便获取更多的机会识别知识。尤其是在没有转换行业的情况下，这种信息和经验的作用更加凸显。

创业者经历失败后采取双环学习的效果更好，不仅有助于获取机会识别知识，而且有助于获取应对新生劣势知识。也就是说创业者采取双环学习后在将来的创业活动中不仅能够获取更好识别和评估有关机会信息的价值，而且能够优化资源配置、管理好新企业以便创造价值。此外，失败后没有转换行业类型的情况下，通过双环学习获得的应对新生劣势知识具有更好的迁移性和适应性，降低了在未来创业活动中对不确定性的把控，有助于提升创业绩效。转换行业类型后，则失去这些优势，这也回应和验证了先前研究中提到的失败后创业者转换行业类型将付出极大的后果和代价，不利于深度学习（Eggers and Song，2015）。

本书通过对比单环学习和双环学习对获取创业知识的差异性发现，与单环学习相比，双环学习对失败的反思更为深刻也更为强烈，其通过质疑已有价值观和心智模式，通过更多反思、探寻、试验等活动拓展甚至颠覆已有认知和知识，有助于发展新的认知，学习到的知识体系和框架发生很大变化，提升获取创业知识的深度和广度，有助于创业者获取更多具有价值的创业知识。这就意味着，失败后创业者尤其需要培养进行双环学习的意识和技能，克服抑制双环学习的思维惯性，逃离认知舒适区，从失败中获益。

三、失败后的反事实思维作用于创业学习的路径存在差异

本书发现创业者经历失败后的反事实思维作用于创业学习的路径存在差异，采取上行反事实思维能够促进单环学习，但并不能诱发双环学习。上行反事实思维不仅强调个体回顾过去来"发现问题"，也要重视当下的"问题探究"，更指向未来的"问题解决"。上行反事实思维通过关注"未来

可以怎么做"的思考构建出更好的行动方案进而改善结果，其以收益为目标导向。失败后创业者采取上行反事实思维，通过对比不同"行为—结果"方案，对失败事件设想满足什么条件或者如何修正行为以实现比目前情况更好的结果，这种思维演练有助于促进单环学习。但是，上行反事实思维并没有促进双环学习，这就意味着失败后创业者在心理层面模拟各种假设，通过对因果关系的推断和了解环境和行为的哪些特征导致过去的失败，设计出避免失败的战略，不断修正错误行为，修正认知模式中错误或者无效的因果推断，这样的上行反事实思维能够促进单环学习，但是其反思程度还没有让创业者开始质疑或者否定先前的基本假设、价值观和心智模式，因此不能引发双环学习。

本书还发现失败后创业者的下行反事实思维与双环学习负相关。下行反事实思维通过关注"未来不能够怎么做"以避免更糟糕的结果，其以规避损失为导向。失败后创业者采取下行反事实思维假设一种比事实可能更坏、更糟的结果或情境，这样能使创业者意识到避免可能更坏的结果，所以会诱发积极的正向情绪。从情绪功能来看，创业失败后创业者更容易进行向下比较，利用下行反事实思维减少悲痛、羞辱、沮丧、生气、焦虑、绝望、愤怒、内疚等负向情绪，产生更多的正向情绪以维护其自尊心、自信心和自我效能感等。但是，下行反事实思维产生的庆幸等正向情绪阻碍创业者深度分析和反思创业失败，创业者为了维护其向下比较的基础，往往会强化特定的因果推断，对自己的结论过度自信，甚至产生后视偏见，容易强化其思维定式、固化因果逻辑，不利于失败后创业者对自己的心智模式、认知框架、基本假设等进行质疑和批判性反思，因而不利于深层次的双环学习。

反事实思维具有情绪功能和准备功能，不同方向的反事实思维具有不同的作用，下行反事实思维有助于恢复悲痛等负向情绪，帮助创业者更好地从失败的阴影中走出来，但是太多的下行反事实思维又不利于创业者对失败事件进行深度分析和学习，抑制了双环学习。与此同时，采用上行反事实思维能够通过对比不同方案与可能的结果，更好还原失败经过，理清因果关系，改善后续行为。但是一直采取上行反事实思维，如同将伤疤一遍遍揭开，可能给创业者带来较大的心理或情绪障碍，干扰其对信息的加工、处理并影响认知过程，进而影响失败学习效果。失败后创业者如何平衡两种不同的反事实思维方式，发挥两种思维方式各自的优势，最大限度地避免各自的弊端，将失败后情绪调整到有利于学习的最佳状态，对这一问题的讨论不仅对创业者通过反事实思维训练平衡自身学习过程和情绪恢复具有重要意义，而且能够深化创业学习和情绪恢复理论的研究。

四、创业失败成本和外部归因抑制双环学习

创业失败成本是衡量失败严重程度的一个重要指标，创业失败成本高低也是影响创业者后续反思、学习和行为的重要关键因素。创业失败成本与反事实思维方式的匹配关系很大程度上决定后续创业学习的深度。那么，在不同的失败成本水平下，创业者采取不同方式的反事实思维很大程度上影响创业学习的深度。本书研究发现上行反事实思维并不能诱发双环学习，只有在一定水平创业失败成本的条件下才能诱发双环学习，意味着一定程度的"伤痛"和负面情绪能够激发和促进创业者深度反思和学习，创业者"痛"过后的反思更具有价值。也就是说失败后创业者进行上行反事实思维，通过设想满足什么条件或修正行为能够达到更好的结果，这种反思导致单环学习并不能诱发双环学习，只有在一定创业失败成本的刺激下，才能让创业者开始质疑或者否定先前的价值观、基本假设和心智模式，这样才能诱发双环学习。

创业失败成本具有"双元性"，当创业失败成本超过一定临界值后，上行反事实思维与双环学习为负相关，也就意味着创业失败成本较高会抑制上行反事实思维对双环学习的作用。本书研究还发现创业失败成本在下行反事实思维与双环学习关系中起非线性调节作用。随着失败成本的增加，下行反事实思维与双环学习的关系呈现为先增强后减弱的趋势。当创业失

败成本很高时，创业者采取下行反事实思维也在很大程度上抑制了双环学习。也就是说当创业失败成本很高的时候，无论采取上行反事实思维还是下行反事实思维都不能诱发双环学习。这与先前研究结论保持一致，当失败后产生的悲痛等负向情绪过高时抑制了失败后创业者对信息的处理和加工，导致创业者没有更多的认知资源去深度学习。

归因导致创业者对失败情景关注焦点的不同，也就是对失败的注意力分配不同进而影响后续反思、学习。相对于失败后外部归因，当创业者进行内部归因时，相信失败原因为自身可控且相对稳定，可以通过自身努力而改变，那么创业者会更加积极地修正行为以改变现状。同时，内部归因的创业者更可能通过心理模拟清晰地了解各种复杂因素与各种可能结果之间的关系，把一些有可能改变现状的举措与各种可能结果联系起来，有助于单环学习的发生。本书研究发现内部归因在上行反事实思维和单环学习中起到正向调节作用，外部归因在下行反事实思维和双环学习关系中起到负向调节作用。也就是说，外部归因恶化了下行反事实思维和双环学习的负相关关系。

第二节　创新点

本书紧扣时代主题，承认创业者在创业过程中的核心地位，强调创业情境尤其是失败情境下创业者的思维对后续学习和知识获取的影响。以拥有失败经历的创业者为研究对象，基于社会认知和经验学习理论，探讨失败情境下创业学习机制，研究内容体现了理论与实践并重、多学科交叉的特点。与已有研究相比，本书可能的创新点体现在以下三个方面。

一、从反事实思维角度切入研究失败情境下的创业学习

创业者经历失败后学习的理论和实践差异来自对学习和学习方式理解和解读的差异，在创业情境相似的情况下创业学习差异性更多来自创业者

个体因素的异质性。过程视角下的创业研究使用创业者个体外显特征探索其对行为选择的影响，有助于归纳成功创业过程的行为规律，但忽视了创业情境、创业者与行为互动的关系。本书从创业失败情境的独特性和过程视角入手，融入创业者微观思维层面的因素来解释失败后创业者的学习行为，论证失败情境下创业者的反事实思维如何经由学习过程吸收并迭代知识进而诱发创业绩效提升的内在机理，按照"反事实思维—创业学习—创业知识"为主线的研究框架，采用实证数据检验了三者之间的关系。本书不仅有助于进一步解释失败后创业者如何学习的行为规律，深化和拓展了创业学习理论和经验学习理论，而且将创业情境、创业思维和创业行为三者结合起来，增强理论对现实的解释力和预测力，能够指导失败后创业者通过反事实思维训练调整自身状态，克服学习障碍，更好地从失败中挖掘价值，提升创业知识。

现有的创业认知领域研究集中于考察创业者的认知和决策方式，并没有将其与学习行为、创业情境联系起来。本书从创业者个体认知、组织学习理论、经验学习理论入手，结合创业失败的情境特征，在失败研究框架下引入反事实思维说明创业者失败意义构建差异性的原因；在反事实思维框架下论证创业学习方式选择差异性的深层次原因和内在机制。本书将心理学中的反事实思维引入创业失败情境，并分析这种思维方式如何通过作用于失败后创业者的信息获取和转换方式不同，进而影响创业学习。这不仅细致刻画了失败情境下创业思维作用与创业学习的路径，更好地将创业认知和创业行为关联，深化认知视角下的创业研究，而且拓展了心理学中反事实思维的影响边界和适用范围。

二、提炼失败情境下创业学习方式及其对创业知识的作用机理

创业者如何从失败中学习？对于这一问题学者们较多从创业学习过程入手，划分为几个学习阶段并论述每个阶段的主要任务和学习内容，鲜

有学者关注失败情境下创业者学习方式的选择（Cope，2010）。有学者借鉴组织学习方式将创业情境中的学习方式分为探索式学习和开发式学习（Politis，2005），但是一般的创业情境和创业失败情境存在较大差异。本书基于创业失败情境的独特性，借鉴经验学习和组织学习的研究成果，重点分析失败对创业者信息获取和转换的影响，突出经验、反思和认知灵活性在学习中的重要性，将失败情境下创业学习方式划分为单环学习和双环学习，并采用探索性因子分析和验证性因子分析检验了该理论判断。失败情境下创业学习方式的划分不仅能够从另外一个视角解答创业者如何从失败中学习的问题，而且能够解释创业者失败后学习内容和学习效果的差异性。创业者失败后获取知识与学习效率的差异取决于不同的学习方式和失败后关注不同信息及对信息的转换方式不同。

Politis（2005）提出一般创业情境中探索式学习有助于获取机会识别知识，开发式学习有助于获取应对新生劣势知识。本书通过实证数据分析发现，失败情境下创业者采取单环学习和双环学习都有助于获取机会识别知识，只有采取双环学习才有助于获取应对新生劣势知识，能够更好地管理和经营新创企业，降低新创企业成立后对不确定性的把控，提升后续创业绩效。本书研究还发现相对于单环学习来说，双环学习与创业知识正向关系更强，同时还分析了制约双环学习的因素。探索失败情境下创业学习方式对创业知识的影响不仅丰富和深化了创业学习和创业失败的研究成果，而且有助于超越创业学习与再创业绩效之间的直接讨论，从失败后创业学习方式差异的角度来解释创业学习方式对获取创业知识类型的影响，为未来研究"学习—绩效"的复杂关系奠定了微观知识基础。

三、深化对创业失败成本的认知

创业失败情境的独特性取决于创业失败成本。创业者成本大小直接影响创业者后续行为和认知。先前较多研究关注创业失败成本对失败后学习、意义构建、风险感知、自我效能感、自信心等认知和行为层面的影响。本书将创业失败成本概括为经济成本、社会成本和心理成本，从失败带给创业者的经济损失、负面情绪和压力、人际网络关系影响三个视角进行测量。同时，比较不同类型和水平的创业失败成本在反事实思维与创业学习关系中的影响路径和调节效应大小。本书实证研究发现，在一定水平的成本下，上行反事实思维诱发双环学习，但同时创业失败成本具有"双元性"，过高的成本又阻碍了双环学习。对创业失败成本作用的分析，不仅有助于分析创业者在不同失败成本条件下如何选择最佳的反事实思维方式和学习策略，而且有利于纠正对创业失败的偏见，使创业者客观和理性的利用创业失败。

已有研究讨论创业失败成本与失败学习的关系，但是相关研究结论并不一致，其主要原因是忽视了创业者失败后在创业学习中的主导地位。本书承认创业者在创业学习中的核心地位，将失败后思维方式作为影响创业学习的关键因素，考察不同创业失败成本条件下反事实思维对创业学习的影响差异性。本书研究发现，一定水平的经济成本在下行反事实思维与双环学习中起到正向调节作用，而主观感知的社会成本和心理成本则起到非线性调节作用。先前研究提出的并不是创业失败的实际客观损失，而是创业者对失败损失的解读和评估导致后续行为的差异性（Jenkins et al., 2014），本书研究不仅印证了上述研究结论，深化了对创业失败成本的认知，而且从更细微层面刻画出不同类型创业失败成本的影响路径，为后续挖掘创业失败情境的独特性奠定了基础。

第三节　理论与实践启示

本书在系统收集、整理和归纳国内外相关理论和实证研究成果的基础上，结合我国"大众创业、万众创新"的时代背景和创业实践中"高失败率、低创新潜力"的现实问题，从创业者个体差异性入手，分析创业者反事实思维对创业学习方式选择的影响，构建失败情境下影响创业学习方式选择前因后果的研究模型，既有理论上的创新启示，也能够为创业者、创业教育和政策制定者提供具有可操作性的建议。

一、对创业失败研究的启示

相关创业失败研究从宏观、企业层面逐渐回归到创业者个体层面，关注创业失败事件与创业者的互动关系，形成了以创业失败成本、悲痛恢复、失败学习、意义构建等概念为核心的观点体系。本书从个体层面论证了在不同的创业失败成本条件下，创业者对失败经验解读和反思的差异性。对此，本书可以为创业失败研究带来两方面的启示。

第一，突出创业者在创业失败研究中的主体地位。随着创业失败研究逐渐回归到创业者个体层面，学者们关注焦点从拥有失败经历创业者的外显特征转变为其行为选择，再深化到认知和情感层面，不断凸显创业者在创业失败研究中的重要作用和主导地位。本书从创业者失败后的思维倾向、学习方式角度论证为何有人能够从失败中获益更多，将创业思维、情感和创业行为结合起来，展现了创业者在创业失败学习中的自主性、完整性和适应性。沿着这条思路，未来研究仍需继续保持和深化对创业者主体地位的关注，不仅研究失败后创业者行为、认知和情感的差异性及其交互影响，而且需要辨识创业者的不同人格特征对上述行为、认知和情感的影响，如关注创业者的乐观、韧劲等积极人格对创业失败后行为、认知和情感的影响，也可以考察创业者的自恋、自大、自卑等黑暗人格对创业失败后的行为、认知和情感的影响。

第二，有助于更好地认知创业失败成本的"双元性"。本书发现创业失败成本在上行反事实思维与双环学习中起到非线性调节作用，当创业失败成本较低时，上行反事实思维促进双环学习，当创业失败成本达到一定临界值以后，上行反事实思维抑制了双环学习。这与先前研究中提出创业失败成本具有"双元"特征进行了相互印证，同时启发未来研究能够根据其"双元性"特征具体分析不同程度的创业失败成本对创业者失败后认知、情绪和行为的差异性影响。除此之外，本书还发现不同类型的创业失败成本的调节作用存在较大差异，客观成本如经济成本在下行反事实思维与双环学习中起到线性调节作用，而主观成本如心理成本和社会成本则起到非线性调节作用。这启发未来研究创业失败成本时，需要注意区分主观成本和客观成本对创业者的差异影响，以及主观成本与客观成本的交互影响。

二、对创业学习研究的启示

创业者如何学习一直是创业学习研究的核心问题。基于不同的理论视角和关注点，学者们从创业者学习过程、学习结果和影响学习的前置因素等方面构建理论模型，描述创业学习的多样性、动态性和复杂性。随着研究的深入，有学者提出应该将创业学习置于某些特殊情境中以剖析其独特性。失败情境下有关创业学习的研究对创业者如何学习的问题解答多从学习阶段和学习过程入手，本书从学习方式角度论证创业者失败后的学习机制，为创业学习研究带来两方面启示。

第一，情境与创业者互动视角下创业学习研究。失败情境下创业学习也是一个社会化的意义构建过程。创业失败发生的具体社会背景、经济环境、文化导向与创业者的个体认知、情感特征交织在一起，共同影响创业者学习。本书在强调创业者在创业学习中主导地位的基础上，考虑失败后产生的经济成本、社会成本及是否转换行业等外在情境因素对创业学习的影响，将创业者与外在环境连接起来，将创业学习看作是创业者内在认知、情感与外在失败事件信息交换互动的机制。这启发未来的创业学习研究不仅要考虑纵向的外在情境变化，更要关注横向的创业者的不同个体背景。不同时期的创业学习由于情境不同，其内涵和机制也不尽相同，学习方式和学习内容也会存在差异。

第二，重视创业学习方式的研究。创业学习方式能够很好地解释创业者在学习过程中完成各项任务效率和效果的差异性。创业学习方式的差异是造成创业知识不对称的原因。本书发现失败后创业者采取单环学习和双环学习的效率和效果存在差异，双环学习更有助于获取创业知识，但是也有很多因素抑制双环学习。失败后创业者采取单环学习的频率远高于双环学习，也就是说失败后创业者更容易采取单环学习，这就是失败学习效果差异性的重要原因。相对于先前研究认为失败能够刺激创业者采取高水平的学习方式，忽略了低水平的学习方式，本书启发未来研究将创业学习方式作为一个重要的切入点考察创业学习效果和效率差异的原因，更完整地解答创业者失败后如何学习的问题。不仅关注失败后产生的高水平、创造性、变革性的学习方式，也需要关注失败后产生的低水平、适应性、工具性的学习方式。除此之外，本书还分析失败情境下反事实思维对创业学习作用的路径差异，比较了不同思维方式对创业学习方式选择的影响，深化心理学中反事实思维在创业领域内的应用，有助于启发未来研究更理性更深入地挖掘反事实思维的内容和方向在创业学习和创业过程中扮演的角色。

三、对创业者和创业教育的实践启示

本书结论对创业者和创业教育改革的实践启示主要体现为如下五个方面：

第一，纠正对创业失败的偏见，正视失败。正视失败，首先要对创业设定适当的预期，认识到失败是创业过程的必经阶段，也是创业道路上一处多彩的风景。斯坦福大学的商学院和工学院里不使用"失败"这个词，而是用"试错"这个词来代替。创业者就是通过不断试错的方式摸索出一条通往正确方向的道路。一个人在刚开始创业的时候，有时候可能并不清楚自己要干什么，最适合干什么，只有不断地尝试，不断地失败后总结、反省和学习，才能更好地规划自己的创业生涯。其次创业者应该树立一种基于学习导向的失败观。学习导向的失败观认为失败是健康试验和学习过程的副产品，失败管理的焦点并不是控制成本，而是视失败为对未来的投资。某种程度上，创业者可以将从失败中学习当成另外一个创业过程，将创业视为对阻碍、挫折和失败的管理过程。

第二，培养从失败中获益的思维方式和学习技巧。逃避失败和错误是人类趋利避害的心理本能，我们的价值体系中也排斥"失败"，更缺少从失败中学习的技巧和能力。总结失败经验并不会在失败之后立刻发生，而是需要一段时间；总结失败教训也不是自动发生的，而是需要一个学习过程；总结失败的经验教训并不是每个人天生的本领，而是后天习得的一种技能（Shepherd，2009）。从失败中学习就是对创业失败经验进行意义建构的过程。创业失败带给创业者一系列成本甚至有些失败改变了创业者的人生发展，而随着时间推移及创业者阅历的增加，创业者往往会对创业失败经历不断反思、质疑和追问，会不断地设想各种"如果……那么"的场景和可能性，通过这种反事实思维对失败经验进行新的解读。通过反事实思维训练引导创业者思考创业失败可能造成的负面影响，以及如何应对这些负面影响，通过总结和吸取失败的教训来提升创业者的"反失败"思维能力，提高他们在遭遇失败后更好管理失败并从中有效学习的能力。

第三，设计失败，提升组织适应性。正视失败不仅需要改变对失败的偏见，创业者甚至还可以在正确的时间、地点通过系统的试验来设计失败，通过设计失败促进对模糊结果的再认知，及时发现潜在的问题，刺激信息搜索的宽度和深度。面对不确定性较高的环境，创业者应该设计"智能的失败"（Intelligent Failure）或"成功的失败"（Successful Mistakes），这不仅提供了宝贵的学习机会、具有价值的新知识，而且有助于创业者克服认知局限、突破自我，提升危机下求生的能力，帮助企业领先竞争使其在未来飞速发展。因此，应该鼓励创业者尝试这种"智能的失败"或"成功的失败"，学会设计失败，以最小的成本去试错和失败，以获得最大化的反馈和学习成果。

第四，创业教育改革应该重视对创业思维的培养。目前国内各大高校如火如荼地开办各类创新创业类课程教学和培训，虽然对于不同的学科专业开设不同的课程，但是各类高校普遍存在的一个问题是创新创业教育主要体现在"教"上，而忽视了"育"。例如，高校开设的创业融资、创业计划、创业管理、KAB（Know About Business）等课程，这些课程主要针对创业关键活动，侧重于传递知识和观念。创业的特色在于实践式学习、体验式学习，创业教育更重要的是"育"而不是"教"。未来创新创业教育的重点在于个体创新创业思维和能力的提升，而不仅仅在于知识的传递和增加。硅谷创投教父、PayPal创始人彼得·蒂尔在《从0到1》书中提到，创业秘籍并不存在，因为任何创新都是新颖独特的，任何权威都不可能具体规定如何创新。事实上，成功人士总能在意想不到的地方发现价值，他们遵循的是基本原则，而非秘籍，因此该书并不是一本指南，也不是单纯提供知识，而是一场思维运动。

创新创业教育要体现出创新创业思维与认知的训练和培育。创新创业教育培养学生的创新创业思维比单纯教其创业技能和创业行为更加有效。相比于创业知识和创业行为的增加与改善，创业思维培养是基础。《创业者手册》《精益创业：新创企业的成长思维》《设计思维》等书籍描述了创业过程中价值设计的迭代过程和一些实践操作技巧。创业者心智模式中包含的行动、结果和价值观模式中包含的评价行动效果的标准及定义行动的意图，能够通过推理产生有效的学习。很多创业者失败后并未改变行为背后的心智模式，易导致再次创业失败。

第五，创业教育需要融入创业失败课程的设计。本书对创业教育改革的实践启示，除了在教学设计和人才培养中融入创新创业思维训练，如培养批判性思维、创造性思维、设计思维、迭代思维等，还应该加入创业失败的相关课程。目前创新创业教育中更多教授创业者如何创业成功，鲜有关注如何避免失败及如何从失败中更好地吸取教训，从失败中更快地恢复并从中学习受益。创业之前就为失败做好心理准备和物质准备，评估自身可承担的损失和风险，提高危机和风险防患意识。如果创业者经过各种努力，但新企业绩效还是一直低于预期，逐渐逼近创业者可承受损失的底线，那么最好的行动就是及时关闭企业，避免损失升级，同时尽快调整自身情绪状态，快速从失败中崛起，开始新的人生旅途。这种为创业失败而准备的课程培训不仅能够帮助创业者更好地应对失败，坦然接受失败，从失败中获益，还有助于创业者从失败中蜕变成长，降低失败带给创业者本人、家庭亲人、朋友、投资者、顾客等其他利益相关者的伤害。

第四节　局限性与未来研究方向

一、局限性

本书通过实证数据分析得出一些重要的研究发现，对理论和实践具有一定启发，但由于不可避免的内生因素和外生因素，本书还存在以下三点不足，有待在未来研究中逐渐完善。

第一，本书使用问卷调查获取数据，这种自我报告式的获取数据方式可能存在后视偏见和同源偏差问题。创业者对于失败事件的回忆和评价可能存在记忆偏差及信息失真等问题，这是所有追溯性研究的固有缺陷，为此笔者将失败时间控制在 3 年以内，尽量避免这个问题，并且对所有问卷都进行两遍电话核查后发现创业者对失败中一些关键点如企业关闭的时间等信息记忆犹新。另外，由于问卷调研的一般局限性，本书难以消除问卷调查过程中的同源误差。虽然有证据表明该问题在可接受的范围内，但我们也应该正视该问题，有待以后采用更科学和更完善的研究设计来进一步验证和深化本书的相关结论。

第二，调研样本取样可能存在幸存者偏见（Survival Bias）问题。幸存者偏见是当获取信息的渠道仅来自已经生存下来的人时，此信息可能会存在与实际情况不同的偏差。由于本书主要考察失败后创业者如何学习，聚焦于创业知识的获取和掌握，其隐含的假设为失败后再次创业的创业者获取的创业知识更具有价值和意义。因此，将研究对象限定为拥有失败经历的连续创业者，而忽略或者遗漏一些经历失败后退出创业的创业者样本。而失败后退出创业活动的创业者样本与连续创业者的创业学习过程机制可能存在差异，未来研究应该比较两者的差异，以便全面考虑失败后不同类型创业者的学习机制。

第三，本书借鉴组织学习中单环学习和双环学习量表，结合创业失败情境开发出失败情境下创业学习量表，并对量表的信度和效度进行了检验。虽然实证结果显示开发的单环学习和双环学习测量量表具有较好的信度和效度，一定程度上解决了失败情境下创业学习方式的可测度问题，但是由于创业学习本身的复杂性和多样性，而且限于时间、财力和精力，本书所开发的量表仍存在不完善的地方。未来研究需要进一步修订和完善该量表，丰富失败情境下创业学习方式的比较分析。

二、未来研究方向

基于上文所述的理论发现和研究启示，以及本书中存在的不足之处，未来研究有可能在该主题下继续深化的内容和方向有如下四个方面：

第一，深入开展动态的失败后创业者反事实思维、创业学习与创业知识关系研究。时间是治愈伤口的良药，时间也是影响失败学习的重要维度。随着时间的推移，创业者对于失败事件的某些记忆可能慢慢淡化，但与此同时随着阅历的增长，可能会使创业者对一些关键问题的认识不断得到深化，并逐步建构起新的思维模式，对创业失败经历的回忆是一个连续的具有解释性的意义建构过程，从这个意义上说失败学习是一个动态的和永恒的过程。本书将失败时间控制在 3 年以内，并且在回归分析中也控制了时间维度的影响，尽量详细刻画在失败相对较短时间内创业失败学习的独特性，但是仍然无法回避时间对本书的影响。通过数据分析发现，失败时间在半年以下和半年以上的创业者在下行反事实思维、双环学习和应对新生劣势知识等维度上存在显著性差异。未来研究可在本书基础上细分出不同的时间段，考察不同时间段创业者反事实思维、创业学习和创业知识三者关系的动态性变化，从时间维度上分析失败情境下创业学习动态性过程机制。

　　第二，未来研究需要关注失败情境下创业学习对创业能力提升的作用机制。学习能力的提升最重要的是对知识的吸收和转化。失败情境下创业学习是创业者在对失败信息获取和转换的基础上不断获取新知识，并将这些知识和现有知识同化和组合，进而影响后续创业行为和创业绩效。如何将创业知识吸收、内化和转化成具有实践应用价值的知识呢？这离不开创业能力的提升，也就是说将失败经验转化为创业知识再应用到行为层面的实践活动，离不开创业能力的提升。已有创业能力的研究者们仅关注创业者是否能将失败获取的知识应用到实际创业过程中，相对忽视了创业能力的多样性。创业失败刺激创业者反思、创新、探索，能够以一种新的视角重新审视未来的创业环境、企业的发展战略及自身能力和价值的追求，而这些改变和学习能否提升后续创业活动的机会识别能力？同时创业失败带给创业者一系列的成本使其在创业过程中面临更大的资源约束，这就要求创业者善于洞悉身边各种资源的属性，将它们创造性地整合起来，失败后的创业学习能否提升创业者的资源平衡能力？未来研究可从以上问题进行分析和探讨。

　　第三，未来研究需要强调失败情境下创业者人格对学习的影响。创业特质论强调创业者对创业成败很重要的观点并没有错，但其局限性在于将创业者与创业过程、创业行为及情境割裂，片面归纳成功创业者的人格心理特征（杨俊等，2015）。未来研究需要关注失败情境下创业者人格对失败信息获取和转换的作用和影响机制。有学者使用农民创业者样本检验大五人格对失败学习的影响，发现经验开放性是展现创业学习能力最重要的变量（Barrick and Mount，1991），经验开放性促使农民创业者对信息保持敏锐的警觉，有助于创业者反思失败，从中学习并吸收经验和教训，推动突破性创新；外倾性人格有利于农民创业者追逐风险，坦然面对试错实验中可能反复出现的失败，能够更好地从失败中学习（罗明忠和陈明，2014）。面对创业失败这种极端的创业情境，创业者身上的一些复杂人格如自恋、过度自信和过度乐观等，对后续创业者的失败学习，会产生什么样的影响呢？研究以上问题在具有一定挑战性的同时可能会得出一些具有价值的研究结论。

第四，未来研究需要多学科知识的交叉和融合，并且借助创新性的研究方法和研究设计。本书借鉴心理学中的反事实思维解构失败情境下创业者对失败事件的反思，以便更好地理解现状并为未来发展做好准备。同时，借鉴主流心理学相对比较成熟的测验量表，结合创业失败情境进行量表修正和应用，保证量表具有较好的信度和效度。研究创业者采取某种行为背后的思维过程比研究其差异性行为更有趣，也更具有挑战性，因为这背后的思维过程、逻辑推理及认知过程需要借助多个学科的知识，也需要借助创新性的研究方法和研究设计。学者们对问题的深入研究使其创新研究设计和研究方法需要多学科和多方法的融合，不仅能够丰富创业和管理研究，而且能够凸显创业学科的独特性和合法性，纠正以往研究中的偏差，使研究更贴近创业实践和创业本质。

参考文献

一、英文部分

[1] Abraham C, Jody H G. High-Quality Relationships, Psychological Safety, and Learning from Failures in Work Organizations [J]. Journal of Organizational Behavior, 2009, 30 (6): 709-729.

[2] Aldrich H. Organizations Evolving [M]. London: Sage, 1999.

[3] Alvarez S A, Barney J B. Discovery and Creation: Alternative Theories of Entrepreneurial Action [J]. Strategic Entrepreneurship Journal, 2007, 1 (1-2): 11-26.

[4] Alvarez S A, Busenitz L W. The Entrepreneurship of Resource-Based Theory [J]. Journal of Management, 2001, 27 (6): 755-775.

[5] Argyris C, Schön D A. Organisational Learning II: Theory, Method and Practice [M]. Massachusetts: Addison-Wesley, 1996.

[6] Argyris C, Schön D A. Organizational Learning: A Theory of Action Research [M]. Massachusetts: Addision-Wesley, 1978.

[7] Arora A, Nandkumar A. Cash-Out or Flameout! Opportunity Cost and Entrepreneurial Strategy: Theory, and Evidence from the Information Security Industry [J]. Management Science, 2011, 57 (10): 1844-1860.

[8] Arora P, Haynie J M, Laurence G A. Counterfactual Thinking and Entrepreneurial Self-Efficacy: The Moderating Role of Self-Esteem and

Dispositional Affect [J]. Entrepreneurship Theory and Practice, 2013, 37 (2): 359-385.

[9] Audretsch D B. New-Firm Survival and the Technological Regime [J]. The Review of Economics and Statistics, 1991, 73 (3): 441-450.

[10] Bandura A. Human Agency in Social Cognitive Theory [J].American Psychologist, 1989 (44): 1175-1184.

[11] Bandura A. Social Learning and Personality [M]. New York: Holt, Rinehart and Winston, 1963.

[12] Bandura A. The Self System in Reciprocal Determinism [J].American Psychologist, 1978 (33): 344-358.

[13] Bandura A.Social Learning Theory [M]. Englewood Cliffs: Prentice Hall, 1977.

[14] Baron R A, Ensley M D. Opportunity Recognition as the Detection of Meaningful Patterns: Evidence from Comparisons of Novice and Experienced Entrepreneurs [J]. Management Science, 2006, 52 (9): 1331-1344.

[15] Baron R A. Cognitive Mechanisms in Entrepreneurship: Why and When Entrepreneurs Think Differently than Other People [J]. Journal of Business Venturing, 1998, 13 (4): 275-294.

[16] Baron R A. Counterfactual Thinking and Venture Formation: The Potential Effects of Thinking about "What Might Have Been" [J]. Journal of Business Venturing, 2000, 15 (1): 79-91.

[17] Baron R A. The Role of Affect in the Entrepreneurial Process [J]. Academy of Management Review, 2008, 33 (2): 328-340.

[18] Barrick M R, Mount M K. The Big Five Personality Dimensions and Job Performance: A Meta-analysis [J]. Personnel Psychology, 1991 (44): 1-26.

[19] Bernardo A E, Welch I. On the Evolution of Overconfidence and Entrepreneurs [J]. Journal of Economics and Management Strategy, 2001, 10 (3):

301-330.

[20] Bird B, Schjoedt L, Baum J R. Editor's Introduction. Entrepreneurs' Behavior: Elucidation and Measurement [J]. Entrepreneurship Theory and Practice, 2012, 36 (5): 889-913.

[21] Bruno A V, Mcquarrie E F, Torgrimson C G. The Evolution of New Technology Ventures over 20 Years: Patterns of Failure, Merger and Survival [J]. Journal of Business Venturing, 1992, 7 (1): 291-302.

[22] Brunstein J C, Gollwitzer P M. Effects of Failure on Subsequent Performance: The Importance of Self-Defining Goals [J]. Journal of Personality and Social Psychology, 1996, 70 (2): 395-407.

[23] Bygrave W D. The Entrepreneurship Paradigm: A Philosophical Look at Its Research Methodologies [J]. Entrepreneurship Theory and Practice, 1989, 14 (1): 7-23.

[24] Byrne O, Shepherd D A. Different Strokes for Different Folks: Entrepreneurial Narratives of Emotion Cognition and Making Sense of Business Failure [J]. Entrepreneurship Theory and Practice, 2015, 39 (3): 375-405.

[25] Byrne R M J. Mental Models and Counterfactual Thoughts about What Might Have Been [J]. Trends in Cognitive Sciences, 2002, 6 (10): 426-431.

[26] Cannon M D, Edmondson A C. Failing to Learn and Learning to Fail (Intelligently): How Great Organizations Put Failure to Work to Innovate and Improve [J]. Long Range Planning, 2005, 38 (3): 299-319.

[27] Cardon M S, McGrath R G. When the Going Gets Tough... Toward a Psychology of Entrepreneurial Failure and Re-Motivation [J]. Frontiers of Entrepreneurship Research, 1999, 29 (4): 58-72.

[28] Cardon M S, Stevens C E, Potter D R. Misfortunes or Mistakes?: Cultural Sensemaking of Entrepreneurial Failure [J]. Journal of Business Venturing, 2011, 26 (1): 79-92.

[29] Chandler G N, Hanks S H. Market Attractiveness, Resource-Based Capabilities, Venture Strategies, and Venture Performance [J]. Journal of Business Venturing, 1994, 9 (4): 331-349.

[30] Churchill G A. A Paradigm for Developing Better Measures of Marketing Constructs [J]. Journal of Marketing Research, 1979, 16 (1): 64-73.

[31] Cope J. Entrepreneurial Learning from Failure: An Interpretative Phenomenological Analysis [J]. Journal of Business Venturing, 2010, 6 (2): 1-20.

[32] Cope J. Toward a Dynamic Learning Perspective of Entrepreneurship [J]. Entrepreneurship Theory and Practice, 2005, 29 (4): 373-397.

[33] Corbett A C. Experiential Learning within the Process of Opportunity Identification and Exploitation [J]. Entrepreneurship Theory and Practice, 2005, 29 (4): 473-491.

[34] Corbett A C. Learning Asymmetries and the Discovery of Entrepreneurial Opportunities [J]. Journal of Business Venturing, 2007, 22 (1): 97-118.

[35] Cressy R. Pre-Entrepreneurial Income, Cash-Flow Growth and Survival of Startup Businesses: Model and Tests on UK Data [J]. Small Business Economics, 1996, 8 (1): 49-58.

[36] Davidsson P, Honig B. The Role of Social and Human Capital among Nascent Entrepreneurs [J]. Journal of Business Venturing, 2003, 18 (3): 301-331.

[37] Decety J. The Accuracy of Visuomotor Transformation: Fin Investigation into the Mechanisms of Visual Recognition of Objects [J]. Vision and Action: The Control of Grasping, 1990 (2): 33.

[38] Dimov D. Nascent Entrepreneurs and Venture Emergence: Opportunity Confidence, Human Capital, and Early Planning [J]. Journal of Management Studies, 2010, 47 (6): 1123-1153.

[39] Diwas KC, Staats B R, Gino F. Learning from My Success and from Others' Failure: Evidence from Minimally Invasive Cardiac Surgery [J].

Management Science, 2013, 59 (11): 2435-2449.

[40] Douglas S C, Kiewitz C, Martinko M J, et al. Cognitions, Emotions, and Evaluations: An Elaboration Likelihood Model for Workplace Aggression [J]. Academy of Management Review, 2008, 33 (2): 425-451.

[41] Eggers J P, Song L. Dealing with Failure: Serial Entrepreneurs and the Costs of Changing Industries between Ventures [J]. Academy of Management Journal, 2015, 58 (6): 1785-1803.

[42] Epstude K, Roese N J. The Functional Theory of Counterfactual Thinking [J]. Personality and Social Psychology Review, 2008, 12 (2): 168-192.

[43] Evans D S, Jovanovic B. An Estimated Model of Entrepreneurial Choice under Liquidity Constraints [J]. Journal of Political Economy, 1989, 97 (4): 808-827.

[44] Fan W, White M J. Personal Bankruptcy and the Level of Entrepreneurial Activity [J]. The Journal of Law and Economics, 2003, 46 (2): 543-567.

[45] Farh J L, Cannella A A, Lee C. Approaches to Scale Development in Chinese Management Research [J]. Management and Organization Review, 2006, 2 (3): 301-318.

[46] Festinger L, Carlsmith J M. Cognitive Consequences of Forced Compliance [J]. The Journal of Abnormal and Social Psychology, 1959, 58 (2): 203-210.

[47] Fiske S T, Taylor S E. Social Cognition (2nd ed.) [M]. NY: McGraw-Hill Book Company, 1991: 15-16.

[48] Franco M, Haase H. Failure Factors in Small and Medium-sized Enterprises: Qualitative Study from an Attributional Perspective [J]. International Entrepreneurship and Management Journal, 2010, 6 (4): 503-521.

[49] Gaglio C M. The Role of Mental Simulations and Counterfactual Thinking in the Opportunity Identification Process [J]. Entrepreneurship Theory and

Practice, 2004, 28 (6): 533-552.

[50] Galinsky A D, Moskowitz G B. Perspective-Taking: Decreasing Stereotype Expression, Stereotype Accessibility, and In-Group Favoritism [J]. Journal of Personality and Social Psychology, 2000, 78 (4): 708-724.

[51] Gibbons F X, Bergan M R, Blanton H, et al. Comparison Level Preferences after Performance: Is Downward Comparison Theory Still Useful [J]. Journal of Personality and Social Psychology, 2002, 83 (4): 865-880.

[52] Gilovich T, Medvec V H. The Temporal Pattern to the Experience of Regret [J]. Journal of Personality and Social Psychology, 1994, 67 (3): 357-365.

[53] Grégoire D A, Corbett A C, McMullen J S. The Cognitive Perspective in Entrepreneurship: An Agenda for Future Research [J]. Journal of Management Studies, 2011, 48 (6): 1443-1477.

[54] Groves K, Vance C, Choi D . Examining Entrepreneurial Cognition: An Occupational Analysis of Balanced Linear and Nonlinear Thinking and Entrepreneurship Success [J]. Journal of Small Business Management, 2011, 49 (3): 438-466.

[55] Guttentag R, Ferrell J. Reality Compared with its Alternatives: Age Differences in Judgments of Regret and Relief [J]. Developmental Psychology, 2004, 40 (5): 764.

[56] Harris S G, Sutton R I. Functions of Parting Ceremonies in Dying Organizations [J]. Academy of Management Journal, 1986, 29 (1): 5-30.

[57] Haynie J M, Shepherd D A, McMullen J S. An Opportunity for Me? The Role of Resources in Opportunity Evaluation Decisions [J]. Journal of Management Studies, 2009, 46 (3): 337-361.

[58] Hayward M L A, Shepherd D A, Griffin D. A Hubris Theory of Entrepreneurship [J]. Management Science, 2006, 52 (2): 160-172.

[59] Heider F. The Psychology of Interpersonal Relations [M]. New York:

Psychology Press, 1958: 322.

[60] Hellmann T, Puri M. Venture Capital and the Professionalization of Start-up Firms: Empirical Evidence [J]. The Journal of Finance, 2002, 57 (1): 169-197.

[61] Hessels J, Grilo I, Thurik R, et al. Entrepreneurial Exit and Entrepreneurial Engagement [J]. Journal of Evolutionary Economics, 2011, 21 (3): 447-471.

[62] Holcomb T R, Ireland R D, Holmes Jr R M, et al. Architecture of Entrepreneurial Learning: Exploring the Link among Heuristics, Knowledge, and Action [J]. Entrepreneurship Theory and Practice, 2009, 33 (1): 167-192.

[63] Holcomb T R, Ireland R D, Holmes Jr R M, et al. Architecture of Entrepreneurial Learning: Exploring the Link among Heuristics, Knowledge, and Action [J]. Entrepreneurship Theory and Practice, 2009, 33 (1): 167-192.

[64] Holmberg S R, Morgan K B. Franchise Turnover and Failure: New Research and Perspectives [J]. Journal of Business Venturing, 2003, 18 (3): 403-418.

[65] Holtz-Eakin D, Joulfaian D, Rosen H S. Sticking it Out: Entrepreneurial Survival and Liquidity Constraints [J]. Journal of Political Economy, 1994, 102 (1): 53-75.

[66] Horner S L, Shwery C S. Becoming an Engaged, Self-regulated Reader [J]. Theory into Practice, 2002, 41 (2): 102-109.

[67] Huovinen J, Tihula S. Entrepreneurial Learning in the Context of Portfolio Entrepreneurship [J]. International Journal of Entrepreneurial Behavior and Research, 2008, 14 (3): 152-171.

[68] Isenberg D. Entrepreneurs and the Cult of Failure [J]. Harvard Business Review, 2011, 89 (4): 36.

[69] Jarvis P, Holford J, Griffin C. The Theory and Practice of Learning [M]. London: Psychology Press, 2003.

[70] Jarvis P, Parker S. Editorial: Competencies for Everything? [J].

International Journal of Lifelong Education, 2004, 23 (2): 123-126.

[71] Javier Gimeno, Timothy B Folta, Arnold C Cooper, et al. Survival of the Fittest? Entrepreneurial Human Persistence of Underperforming Firms [J]. Administrative Science Quarterly, 1997, 42 (4): 750-783.

[72] Jenkins A S, Wiklund J, Brundin E. Individual Responses to Firm Failure: Appraisals Grief and the Influence of Prior Failure Experience [J]. Journal of Business Venturing, 2014, 29 (1): 17-33.

[73] Jenkins A. After Firm Failure: Emotions, Learning and Re-Entry [D]. Sweden: Jönköping International Business School, 2012.

[74] Johnson M A, Maggiora G M. Concepts and Applications of Molecular Similarity [M]. New York: Wiley, 1990.

[75] Kahneman D, Lovallo D. Timid Choices and Bold Forecasts: A Cognitive Perspective on Risk Taking [J]. Management Science, 1993, 39 (1): 17-31.

[76] Kahneman D, Miller D T. Norm Theory: Comparing Reality to Its Alternatives [J]. Psychological Review, 1986, 93 (2): 136-153.

[77] Kahneman D, Tversky A. The Psychology of Preferences [J]. Scientific American, 1982, 246 (1): 160-173.

[78] Khelil N. The Many Faces of Entrepreneurial Failure: Insights from an Empirical Taxonomy [J]. Journal of Business Venturing, 2016, 31 (1): 72-94.

[79] Knott A M, Posen H E. Is Failure Good? [J]. Strategic Management Journal, 2005, 26 (7): 617-641.

[80] Kolb D A. Experiential Learning: Experience as the Source of Learning and Development [M].New Jersey: Prentice Hall Press, 1984.

[81] Koriat A, Lichtenstein S, Fischhoff B. Reasons for Confidence [J]. Journal of Experimental Psychology: Human Learning and Memory, 1980, 6 (2): 107-118.

[82] Kotha R, George G. Friends, Family, or Fools: Entrepreneur Experience and Its Implications for Equity Distribution and Resource Mobilization [J]. Journal of Business Venturing, 2012, 27 (5): 525-543.

[83] Krueger N F. What Lies Beneath? The Experiential Essence of Entrepreneurial Thinking [J]. Entrepreneurship Theory and Practice, 2007, 31 (1): 123-138.

[84] Landman J. Regret and Elation Following Action and Inaction: Affective Responses to Positive Versus Negative Outcomes [J]. Personality and Social Psychology Bulletin, 1987, 13 (4): 524-536.

[85] Lee S H, Peng M W, Barney J B. Bankruptcy Law and Entrepreneurship Development: A Real Options Perspective [J]. Academy of Management Review, 2007, 32 (1): 257-272.

[86] Lee S H, Yamakawa Y, Peng M W, et al. How Do Bankruptcy Laws Affect Entrepreneurship Development around the World? [J]. Journal of Business Venturing, 2011, 26 (5): 505-520.

[87] Liu Y, Li Y, Hao X, et al. Narcissism and Learning from Entrepreneurial Failure [J]. Journal of Business Venturing, 2019, 34 (3): 496-512.

[88] Loasby B J. A Cognitive Perspective on Entrepreneurship and the Firm [J]. Journal of Management Studies, 2007, 44 (7): 1078-1106.

[89] Lumpkin G T, Lichtenstein B B. The Role of Organizational Learning in the Opportunity Recognition Process [J]. Entrepreneurship Theory and Practice, 2005, 29 (4): 451-472.

[90] Madsen P M, Desai V. Failing to Learn? The Effects of Failure and Success on Organizational Learning in the Global Orbital Launch Vehicle Industry [J]. Academy of Management Journal, 2010, 53 (3): 451-476.

[91] Maitlis S, Sonenshein S. Sensemaking in Crisis and Change: Inspiration and Insights from Weick (1988) [J]. Journal of Management Studies,

2010, 47 (3): 551-580.

[92] March J G. Exploration and Exploitation in Organizational Learning [J]. Organization Science, 1991, 2 (1): 71-87.

[93] Markman G D, Balkin D B, Baron R A. Inventors and New Venture Formation: The Effects of General Self-Efficacy and Regretful Thinking [J]. Entrepreneurship Theory and Practice, 2002, 27 (2): 149-165.

[94] Markman G D, Baron R A, Balkin D B. Are Perseverance and Self-efficacy Costless? Assessing Entrepreneurs' Regretful Thinking [J]. Journal of Organizational Behavior, 2005, 26 (1): 1-19.

[95] Markman K D, Gavanski I, Sherman S J, et al. The Mental Simulation of Better and Worse Possible Worlds [J]. Journal of Experimental Social Psychology, 1993, 29 (1): 87-109.

[96] Markman K D, McMullen M N. A Reflection and Evaluation Model of Comparative Thinking [J]. Personality and Social Psychology Review, 2003, 7 (3): 244-267.

[97] Marshall N. Cognitive and Practice-based Theories of Organizational Knowledge and Learning: Incompatible or Complementary? [J]. Management Learning, 2008, 39 (4): 413-435.

[98] McGrath R G. Falling Forward: Real Options Reasoning and Entrepreneurial Failure [J]. Academy of Management Review, 1999, 24 (1): 13-30.

[99] Medvec V H, Madey S F, Gilovich T. When Less is More: Counterfactual Thinking and Satisfaction among Olympic Medalists [J]. Journal of Personality and Social Psychology, 1995, 69 (4): 603-610.

[100] Mezirow J. Transformative Dimensions of Adult Learning [M]. San Francisco: Jossey-Bass, 1991.

[101] Miller D T, McFarland C. Counterfactual Thinking and Victim Compensation: A Test of Norm Theory [J]. Personality and Social Psychology

Bulletin, 1986, 12 (4): 513-519.

[102] Minniti M, Bygrave W. A Dynamic Model of Entrepreneurial Learning [J]. Entrepreneurship Theory and Practice, 2001, 25 (3): 5-16.

[103] Mitchell R K, Busenitz L W, Bird B, et al. The Central Question in Entrepreneurial Cognition Research [J]. Entrepreneurship Theory and Practice, 2007, 31 (1): 1-27.

[104] Mitchell R K, Busenitz L, Lant T, et al. Toward a Theory of Entrepreneurial Cognition: Rethinking the People Side of Entrepreneurship Research [J]. Entrepreneurship Theory and Practice, 2002, 27 (2): 93-104.

[105] Mitchell R K, Mitchell J R, Smith J B. Inside Opportunity Formation: Enterprise Failure Cognition and the Creation of Opportunities [J]. Strategic Entrepreneurship Journal, 2008, 2 (3): 225-242.

[106] Mogg K, Mathews A, Bird C, et al. Effects of Stress and Anxiety on the Processing of Threat Stimuli [J].Journal of Personality and Social Psychology, 1990, 59 (6): 1230-1237.

[107] Morris M W, Moore P C. The Lessons We (Don't)Learn: Counterfactual Thinking and Organizational Accountability after a Close Call [J]. Administrative Science Quarterly, 2000, 45 (4): 737-765.

[108] Mueller B A, Shepherd D A. Making the Most of Failure Experiences: Exploring the Relationship Between Business Failure and the Identification of Business Opportunities [J]. Entrepreneurship Theory and Practice, 2014, 38 (6): 1-31.

[109] Nelson R R, Winter S G. An Evolutionary Theory of Economic Change [M]. Cambridge, MA: Belknap/Harvard University Press, 1982.

[110] Niedenthal P M, Tangney J P, Gavanski I. "If Only I Weren't" Versus "If Only I Hadn't": Distinguishing Shame and Guilt in Conterfactual Thinking [J]. Journal of Personality and Social Psychology, 1994, 67 (4): 585-595.

[111] Nystrom P C, Starbuck W H. To Avoid Organizational Crises,

Unlearn [J]. Organizational Dynamics, 1984, 12 (4): 53-65.

[112] Operario D, Fiske S T. Social Cognition Permeates Social Psychology: Motivated Mental Processes Guide the Study of Human Social Behavior [J]. Asian Journal of Social Psychology, 1999, 2 (1): 63-78.

[113] Parker S C . Learning About the Unknown: How Fast do Entrepreneurs Adjust Their Beliefs? [J]. Journal of Business Venturing, 2006, 21 (1): 1-26.

[114] Peng M W, Yamakawa Y, Lee S H. Bankruptcy Laws and Entrepreneur-Friendliness [J]. Entrepreneurship Theory and Practice, 2010, 34 (3): 517-530.

[115] Petkova A P. A Theory of Entrepreneurial Learning from Performance Errors [J]. International Entrepreneurship Management Journal, 2009, 5 (4): 345-367.

[116] Pimparyon S M, Caleer S, Pemba S, Roff P. Educational Environment, Student Approaches to Learning and Academic Achievement in a Thai Nursing School [J]. Medical Teacher, 2000, 22 (4): 359-364.

[117] Podsakoff P, Organ D. Self-Reports in Organizational Leader Reward and Punishment Behavior and Research: Problems and Prospects [J]. Journal of Management, 1986, 12 (4): 531-544.

[118] Politis D, Gabrielsson J. Entrepreneurs' Attitudes Towards Failure: An Experiential Learning Approach [J]. International Journal of Entrepreneurial Behavior and Research, 2009, 5 (4): 364-383.

[119] Politis D. The Process of Entrepreneurial Learning: A Conceptual Framework [J]. Entrepreneurship Theory and Practice, 2005, 29 (4): 399-424.

[120] Rae D, Carswell M. Using a Life-story Approach in Researching Entrepreneurial Learning: The Development of a Conceptual Model and Its Implications in the Design of Learning Experiences [J]. Education and Training, 2000, 42 (4/5): 220-228.

[121] Rae D. Entrepreneurial Learning: A Conceptual Framework for

Technology-based Enterprise [J]. Technology Analysis and Strategic Management, 2006, 18 (1): 39-56.

[122] Ravasi D, Turati C. Exploring Entrepreneurial Learning: A Comparative Study of Technology Development Projects [J]. Journal of Business Venturing, 2005, 20 (1): 137-164.

[123] Reuber R A, Dyke L S, Fischer E M. Experientially Acquired Knowledge and Entrepreneurial Venture Success [J]. Academy of Management Annual Meeting Proceedings, 1990: 69-73.

[124] Roese N J, Olson J M. Counterfactual Thinking: The Intersection of Affect and Function [J]. Advances in Experimental Social Psychology, 1997 (29): 1-59.

[125] Roese N J. The Functional Basis of Counterfactual Thinking [J]. Journal of Personality and Social Psychology, 1994, 66 (5): 805-812.

[126] Romanelli E. Environments and Strategies of Organization Start-up: Effects on Early Survival [J]. Administrative Science Quarterly, 1989, 34 (1): 369-387.

[127] Roxas B G, Cayoca-Panizales R, De Jesus R M. Entrepreneurial Knowledge and Its Effects on Entrepreneurial Intentions: Development of a Conceptual Framework [J]. Asia-Pacific Social Science Review, 2008, 8 (2): 61-77.

[128] Russell D. The Causal Dimension Scale: A Measure of How Individuals Perceive Causes [J]. Journal of Personality and Social Psychology, 1982, 42 (6): 1137-1145.

[129] Rye M S, Cahoon M B, Ali R S, et al. Development and Validation of the Counterfactual Thinking for Negative Events Scale [J].Journal of Personality Assessment, 2008, 90 (3): 261-269.

[130] Sanchez R, Mahoney J T. Modularity, Flexibility, and Knowledge Management in Product and Organization Design [J]. Strategic Management Journal, 1996, 17 (2): 63-76.

[131] Sanna L J. Mental Simulations, Affect, and Subjective Confidence: Timing is Everything [J]. Psychological Science, 1999, 10 (4): 339-345.

[132] Scholl A, Sassenberg K. Where Could We Stand If I Had...? How Social Power Impacts Counterfactual Thinking after Failure [J]. Journal of Experimental Social Psychology, 2014 (53): 51-61.

[133] Shane S A. Hybrid Organizational Arrangements and Their Implications for Firm Growth and Survival: A Study of New Franchisors [J]. Academy of Management Journal, 1996, 39 (1): 216- 234.

[134] Shane S, Venkataraman S. The Promise of Entrepreneurship as a Field of Research [J]. Academy of Management Review, 2000, 25 (1): 217-226.

[135] Shepherd D A, Cardon M S. Negative Emotional Reactions to Project Failure and the Self-Compassion to Learn from the Experience [J]. Journal of Management Studies, 2009, 46 (6): 923-949.

[136] Shepherd D A, Covin J G, Kuratko D F. Project Failure from Corporate Entrepreneurship: Managing the Grief Process [J]. Journal of Business Venturing, 2009, 24 (6): 588-600.

[137] Shepherd D A, Douglas E J, Shanley M. New Venture Survival: Ignorance, External Shocks, and Risk Reduction Strategies [J]. Journal of Business Venturing, 2000, 15 (5): 393-410.

[138] Shepherd D A, Patzelt H, Williams T A, et al. How Does Project Termination Impact Project Team Members? Rapid Termination, "Creeping Death", and Learning from Failure [J]. Journal of Management Studies, 2014, 51 (4): 513-546.

[139] Shepherd D A, Patzelt H, Wolfe M. Moving Forward from Project Failure: Negative Emotions, Affective Commitment, and Learning from the Experience [J]. Academy of Management Journal, 2011, 54 (6): 1229-1259.

[140] Shepherd D A, Wiklund J, Haynie J M. Moving Forward: Balancing

the Financial and Emotional Costs of Business Failure [J]. Journal of Business Venturing, 2009, 24 (2): 134-148.

[141] Shepherd D A. Grief Recovery from the Loss of a Family Business: A Multi-and Meso-Level Theory [J]. Journal of Business Venturing, 2009, 24 (1): 81-97.

[142] Shepherd D A. Learning from Business Failure: Propositions of Grief Recovery for the Self-Employed [J]. Academy of Management Review, 2003, 28 (2): 318-328.

[143] Showers C, Cantor N. Social Cognition: A Look at Motivated Strategies [J]. Annual Review of Psychology, 1985, 36 (1): 275-305.

[144] Singh S, Corner P D, Pavlovich K. Failed Not Finished: A Narrative Approach to Understanding Venture Failure Stigmatization [J].Journal of Business Venturing, 2015, 30 (1): 150-166.

[145] Singh S, Corner P, Pavlovich K. Coping with Entrepreneurial Failure [J]. Journal of Management and Organization, 2007, 13 (4): 331-344.

[146] Singh S. Experiencing and Learning from Entrepreneurial Failure [D]. New Zealand: University of Waikato, 2011.

[147] Sitkin S B. Learning Through Failure: The Strategy of Small Losses [J]. Research in Organizational Behavior, 1992 (14): 231-266.

[148] Smith J B, Mitchell J R, Mitchell R K. Entrepreneurial Scripts and the New Transaction Commitment Mindset: Extending the Expert Information Processing Theory Approach to Entrepreneurial Cognition Research [J]. Entrepreneurship Theory and Practice, 2009, 33 (4): 815-844.

[149] Spiro R J, Feltovich P J, Jacobson M J, et al. Cognitive Flexibility, Constructivism, and Hypertext: Random Access Instruction for Advanced Knowledge Acquisition in Ill-structured Domains [M]. Constructivism, Hillsdale, NJ: Erlbaum, 1995.

[150] Stam E, Schutjens V. Starting Anew: Entrepreneurial Intentions and Realizations Subsequent to Business Closure [R]. 2006.

[151] Stokes D, Blackburn R. Learning the Hard Way: The Lessons of Owner-managers Who Have Closed Their Businesses [J]. Journal of Small Business and Enterprise Development, 2002, 9 (1): 17-27.

[152] Sutton R I. The Process of Organizational Death: Disbanding and Reconnecting [J]. Administrative Science Quarterly, 1987, 32 (4): 542-569.

[153] Tang J, Kacmar K M, Busenitz L. Entrepreneurial Alertness in the Pursuit of New Opportunities [J]. Journal of Business Venturing, 2010, 27 (1): 77-94.

[154] Taylor D W, Thorpe R. Entrepreneurial Learning: A Process of Co-participation [J]. Journal of Small Business and Enterprise Development, 2004, 11 (2): 203-211.

[155] Toft-Kehler R, Wennberg K, Kim P H. Practice Makes Perfect: Entrepreneurial-Experience Curves and Venture Performance [J]. Journal of Business Venturing, 2014, 29 (4): 453-470.

[156] Ucbasaran D, Shepherd D A, Lockett A, et al. Life after Business Failure: The Process and Consequences of Business Failure for Entrepreneurs [J]. Journal of Management, 2013, 39 (1): 163-202.

[157] Ucbasaran D, Westhead P, Wright M, et al. The Nature of Entrepreneurial Experience, Business Failure and Comparative Optimism [J]. Journal of Business Venturing, 2010, 25 (6): 541-555.

[158] Ucbasaran D, Westhead P, Wright M. The Extent and Nature of Opportunity Identification by Experienced Entrepreneurs [J]. Journal of Business Venturing, 2009, 24 (2): 99-115.

[159] Wagner III J A, Gooding R Z. Equivocal Information and Attribution: An Investigation of Patterns of Managerial Sensemaking [J]. Strategic Management

Journal, 1997, 18 (4): 275-286.

[160] Wang C L, Chugh H. Entrepreneurial Learning: Past Research and Future Challenges [J]. International Journal of Management Reviews, 2014, 16 (1): 24-61.

[161] Weiner B. A Theory of Motivation for Some Classroom Experiences [J]. Journal of Educational Psychology, 1979, 71 (1): 3-25.

[162] White K, Lehman D R. Looking on the Bright Side: Downward Counterfactual Thinking in Response to Negative Life Events [J]. Personality and Social Psychology Bulletin, 2005, 31 (10): 1413-1424.

[163] Widding L Øystein. Building Entrepreneurial Knowledge Reservoirs [J]. Journal of Small Business and Enterprise Development, 2005, 12 (4): 595-612.

[164] Wilkinson A, Mellahi K. Organizational Failure: Introduction to the Special Issue [J]. Long Range Planning, 2005, 38 (3): 233-238.

[165] Wolfe M, Shepherd D A. "Bouncing Back" from a Loss: Entrepreneurial Orientation Emotions and Failure Narratives [J].Entrepreneurship Theory and Practice, 2015, 39 (5): 675-700.

[166] Wolters C A. Understanding Procrastination from a Self-Regulated Learning Perspective [J]. Journal of Educational Psychology, 2003, 95 (1): 179-187.

[167] Wong P S P, Cheung S O. An Analysis of the Relationship between Learning Bhaviour and Performance Improvement of Contracting Organizations [J]. International Journal of Project Management, 2008, 26 (2): 112-123.

[168] Wood M S, Williams D W. Opportunity Evaluation as Rule-Based Decision Making [J]. Journal of Management Studies, 2014, 51 (4): 573-602.

[169] Yamakawa Y, Peng M W, Deeds D L. Rising from the Ashes: Cognitive Determinants of Venture Growth after Entrepreneurial Failure [J]. Entrepreneurship Theory and Practice, 2015, 39 (2): 209-236.

[170] Young J E, Sexton D L. Entrepreneurial Learning: A Conceptual

Framework [J]. Journal of Enterprising Culture, 1997, 5 (3): 223-248.

[171] Zacharakis A L, Meyer G D, DeCastro J. Differing Perceptions of New Venture Failure: A Matched Exploratory Study of Venture Capitalists and Entrepreneurs [J]. Journal of Small Business Management, 1999, 37 (3): 1-14.

[172] Zeelenberg M, Van den Bos K, Van Dijk E, et al. The Inaction Effect in the Psychology of Regret [J]. Journal of Personality and Social Psychology, 2002, 82 (3): 314-327.

[173] Zimmerman B J, Kitsantas A. Developmental Phases in Self-regulation: Shifting from Process Goals to Outcome Goals [J]. Journal of Educational Psychology, 1997, 89 (1): 29-36.

二、中文部分

［1］艾尔·巴比. 社会研究方法（第 11 版）［M］. 邱泽奇，译. 北京：华夏出版社，2015.

［2］蔡莉，葛宝山. 中国转型经济背景下企业创业机会与资源开发行为研究［M］. 北京：科学出版社，2019.

［3］陈俊，贺晓玲，张积家. 反事实思维两大理论：范例说和目标—指向说［J］. 心理科学进展，2007（3）：416–422.

［4］陈俊. 社会认知理论的研究进展［J］. 社会心理科学，2007（1）：59–62.

［5］陈绍全，张志学. 管理研究中的理论构建［M］// 陈晓萍，徐淑英，樊景立. 组织与管理研究的实证方法. 北京：北京大学出版社，2012.

［6］陈文婷. 家族跨代企业家创业激情与机会开发［M］. 大连：东北财经大学出版社，2020.

［7］陈晓萍，徐淑英，樊景立. 组织与管理研究的实证方法［M］. 北京：北京大学出版社，2012.

［8］迟考勋. 新创企业商业模式设计的认知机制与绩效影响研究［M］.

北京：经济管理出版社，2018.

［9］丁桂凤，古茜茜，李伟丽.创业失败与再创业意向的作用机制研究［M］.北京：中国经济出版社，2021.

［10］杜晶晶，Wenyao G. Zhao，郝喜玲.组织场域、制度工作与产业变革：基于电动车产业的单案例研究［J］.经济管理，2020（7）：109-125.

［11］杜晶晶.数字经济背景下内隐性创业机会识别与开发研究［M］.北京：经济管理出版社，2020.

［12］辜胜阻，曹冬梅，李睿.让"互联网+"行动计划引领新一轮创业浪潮［J］.科学学研究，2016（2）：161-165.

［13］郝喜玲，陈雪，杜晶晶.创业失败恐惧研究述评与展望［J］.外国经济与管理，2020（7）：82-94.

［14］郝喜玲，陈忠卫，刘依冉.创业者的目标导向、失败事件学习与新企业绩效关系［J］.科学学与科学技术管理，2015（10）：100-110.

［15］郝喜玲，陈忠卫，刘依冉.创业失败学习内容的差异性及其根源［J］.华东经济与管理，2016（3）：141-147.

［16］郝喜玲，刘依冉，杜晶晶，等.失败恐惧的形成及对创业行为的影响［J］.心理科学进展，2021（9）：1551-1560.

［17］郝喜玲，涂玉琦，陈雪，等.痛定思痛？情绪成本对创业失败学习影响：反事实思维的调节作用［J］.研究与发展管理，2019（4）：27-39.

［18］郝喜玲，涂玉琦，刘依冉，等.失败情境下创业韧性的研究框架构建［J］.外国经济与管理，2020（1）：30-41.

［19］郝喜玲，张玉利，刘依冉，等.庆幸还是后悔：失败后的反事实思维与创业学习关系研究［J］.南开管理评论，2018（2）：75-87.

［20］何轩，陈文婷，李青.基于反事实思维视角的创业研究前沿探析与未来展望［J］.外国经济与管理，2013（10）：13-21.

［21］黄光国.构建中国管理学理论的机会与挑战［M］//陈晓萍，徐淑英，樊景立.组织与管理研究的实证方法.北京：北京大学出版社，2012.

[22] 蒋勇. 虚拟思维在会话中的功能 [J]. 外语学刊, 2004 (3): 16-23+112.

[23] 克里斯·阿吉里斯, 唐纳德·舍. 组织学习Ⅱ: 理论、实践和方法 [M]. 北京: 中国人民大学出版社, 2011.

[24] 刘茂红. 中国互联网产业组织实证研究 [D]. 武汉: 武汉大学博士学位论文, 2011.

[25] 刘依冉, 张玉利, 郝喜玲, 等. 结构相似性效应: 机会识别的认知机制及影响因素 [J]. 南开管理评论, 2020 (5): 194-201+212.

[26] 刘依冉. 新认知视角下机会识别机制 [M]. 北京: 经济科学出版社, 2020.

[27] 龙丹, 张玉利, 李姚矿. 经验与机会创新性交互作用下的新企业生成研究 [J]. 管理科学, 2013 (5): 1-10.

[28] 罗杰·马丁. 商业设计: 通过设计思维构建公司持续竞争优势 [M]. 李志刚, 于晓蓓, 译. 北京: 机械工业出版社, 2015.

[29] 罗明忠, 陈明. 人格特质、创业学习与农民创业绩效 [J]. 中国农村经济, 2014 (10): 62-75.

[30] 牛翠萍. 企业家精神、管理层权利与企业可持续发展绩效研究 [M]. 北京: 经济科学出版社, 2021.

[31] 单标安, 陈海涛, 鲁喜凤, 等. 创业知识的理论来源、内涵界定及其获取模型构建 [J]. 外国经济与管理, 2015 (9): 17-28.

[32] 索涛, 冯廷勇, 王会丽, 等. 后悔的认知机制和神经基础 [J]. 心理科学进展, 2009 (2): 334-340.

[33] 谭劲松, 艾琳·费舍尔, 罗纳德·米切尔, 等. 小企业情境中的创新和技术战略研究 [J]. 管理世界, 2009 (11): 156-165.

[34] 王辉. 创业叙事研究: 内涵、特征与方法: 与实证研究的比较 [J]. 上海对外经贸大学学报, 2015 (1): 68-78.

[35] 王重鸣, 吴挺. 互联网情境下的创业研究 [J]. 浙江大学学报 (人

文社会科学版），2016（1）：131–141.

［36］魏江，沈璞，王新礼.中小企业家触发式非线性学过程模式研究［J］.中国地质大学学报（社会科学版），2004（10）：24–28.

［37］温忠麟，侯杰泰，张雷.调节效应与中介效应的比较和应用［J］.心理学报，2005（2）：268–274.

［38］吴明隆.问卷统计分析与实务：SPSS操作与应用［M］.重庆：重庆大学出版社，2010.

［39］徐淑英，欧怡.科学过程与研究设计［M］//陈晓萍，徐淑英，樊景立.组织与管理研究的实证方法.北京：北京大学出版社，2012.

［40］雪伦·B.梅里安，罗斯玛丽·S.凯弗瑞拉.成人学习的综合研究与实践指导（第2版）［M］.黄健，等译.北京：中国人民大学出版社，2011.

［41］杨俊，云乐鑫.创业网络：对商业模式内容创新影响及作用机制的实证研究［M］.北京：经济科学出版社，2015.

［42］杨俊，张玉利，刘依冉.创业认知研究综述与开展中国情境化研究的建议［J］.管理世界，2015（9）：158–169.

［43］尹苗苗.新企业创业导向、投机导向对资源获取的影响研究［M］.北京：光明日报出版社，2016.

［44］于晓宇，李雪灵，杨若瑶.首次创业失败学习：来自创业新手、新创企业与行业特征的解释［J］.管理学报，2013（1）：77–83.

［45］于晓宇，杨俊，贾迎亚.向死而生：最大化创业失败的价值［M］.上海：复旦大学出版社，2020.

［46］于晓宇，赵红丹，范丽先.管理研究设计与方法［M］.北京：机械工业出版社，2019.

［47］张结海，朱正才.归因是怎样影响假设思维的？［J］.心理学报，2003（2）：237–245.

［48］张玉利，张敬伟.理解创业：情境、思维与行动［M］.北京：机械工业出版社，2021.

后 记

　　每一本书的出版都离不开一群人的共同努力。作为作者，我深深感谢助益本书成稿的老师、同学、家人和朋友们！

　　我要感谢博士生导师张玉利教授！"桃李不言，下自成蹊"，恩师做人、做事的心胸和气度，以及做学问认真严谨的精神潜移默化地影响着他的每一位学生。在学术上，恩师总是鼓励我不断探索和思考"大气"的研究问题，同时又提醒我从细节和小处着眼考虑整个研究设计的科学性、合理性和可操作性。在生活上，恩师如一位长者指引着我的成长方向，如一盏明灯照亮我前行的道路。每当工作和生活遇到困惑时，恩师的教诲和指引总让我豁然开朗，柳暗花明。

　　感谢我的硕士生导师陈忠卫教授！感谢陈教授将我领入学术研究的殿堂，开启了我新的学习篇章。陈教授的严格要求与精益求精的训练让我奠定了较好的研究基础！感谢我的本科论文指导老师胡登峰教授一直以来对我学业的关心。现在每次看到家族企业的论文，我总是第一个想起胡老师！感谢胡老师对我学术研究的启蒙和指导！

　　感谢创业中心各位年轻老师对我学习上的指导和帮助！感谢杨俊教授多次在我遇到困难的时候给予我信心和建设性的意见。团队例会对我成长具有极大的帮助，杨教授传授的许多研究方法和思维方式使我受益终生！感谢胡望斌教授总是能够一针见血地指出我问题的所在，对我研究进步具有重要启发。感谢牛芳副教授对我博士学位论文写作的多次指导和中肯意见，您的指导让我少走了许多弯路，也让我对自己的研究更有信心。感谢薛红志教授在团队例会上对我研究提出的宝贵意见。感谢田莉教授对我学习和研究的帮助，至今还记得田教授在高级管理学课程上对我研究的精彩点评和宝贵意见。感谢张仁江教授给我提供创业失败研究案例素材。

除了创业中心的老师外，在整个博士学位论文完成的过程中，我还要感谢密苏里大学创新与创业系孙黎教授、密苏里大学哥伦比亚分校邹绍明教授、香港科技大学何今宇教授、中央财经大学林嵩教授，感谢你们对我选题、研究设计的指导。我还要感谢南开大学商学院各位教授对我学习能力的提升，在你们身上我不仅学习到了很多知识，更是吸收到了很多优秀的教学方法和教学理念！到现在还怀念王迎军教授的课，在王教授的课堂上我很容易让思维不断发散！

感谢安徽财经大学的各位领导和同事对我多年学习的大力支持！尤其要感谢商学院院长刘福成教授、工商学院副院长梁中教授、郭嘉刚博士、刘晶晶博士、王莹博士等各位领导和同事，是你们的支持和帮助才使我能够安心在南开大学完成学业！还要感谢工商管理学院杜晶晶教授等创新创业与企业成长研究所的同人对我学业的理解与帮助，你们的鼓励与帮助让我感受到学术大家庭坚强的后盾与支持！特别感谢朱兆珍博士、吴晓芳博士和董小红博士，我们闺蜜四人团帮我清除了很多心理垃圾，没有你们的陪伴，我该是多么的孤独！

感谢在南开大学读书期间遇到的各位同门和同学，你们的陪伴让我的学习、生活更加多姿多彩！感谢师兄宋正刚、云乐鑫、粟进、白峰、刘振和师姐朱晓红、何一清、谢巍等，是你们让我快速融入创业中心这个大家庭，也是你们引领我不断超越自己快速成长！感谢同门王秀峰、迟考勋、黄鹤、张广琦、何良兴、薛鸿博、张咪和李艳妮，和你们在一起学习和玩耍的日子很开心！特别鸣谢刘依冉同学，千言万语汇成一句话：遇到你真好！一切尽在不言中。感谢我的同学张腾、葛法权、张辉、马明龙、乔艳芬等，感谢你们的陪伴，让我学习的路上充满了很多乐趣。

感谢调研公司的宋乔总经理、高鸣经理和王倩督导对我调研的大力支持！感谢为本书出版付出努力的经济管理出版社华商教育分社张丽原社长以及各位审读书稿的编辑、校对老师们，你们的敬业、高效和认真态度令人钦佩！尤其感谢参与调研的创业者，感谢你们的信任、理解和配合！我敬佩你们失败后能再次选择创业的勇气！我欣赏你们愿意将失败经历分享出来，让自己、他人及我们的研究受益！感谢你们的付出！

　　最后特别感谢我的家人。感谢家人对我学习和生活的大力支持和各种祝福！你们的爱是我前进的动力！尤其特别感谢可爱的儿子姚以恒，感谢你小小年纪就能学会等待，能够忍受和妈妈的一次次分离！你的每一次成长和进步总是带给我惊喜，你的各种暖心的话语让我感受到为人母的各种幸福和成就，你的到来是上天赐给我的最大礼物！

　　感恩生命中遇到你们，你们让我感受到生活的美好与幸福！

郝喜玲

二〇二二年三月十六日